Math@ebol

Datrys Problemau L.,.. .

Ar gyfer Blynyddoedd 4 – 5

Sharon Shapiro

Addasiad Cymraeg gan Gwyneth Jones

Cynnwys:

Y fersiwn Saesneg:
Cyhoeddwyd gan Badger Publishing Limited
Y gwaith gwreiddiol © Blake Education
Argraffiad DU © Badger Publishing Limited
Cyhoeddwr: David Jamieson
Ymgynghorydd y Gyfres: Andy Seed
Golygydd: Paul Martin
Dylunydd: Trish Hayes
Gwaith Celf: Stephen King

Mae Sharon Shapiro wedi datgan ei hawl dan Ddeddf Hawlfraint, Dyluniadau a Phatentau 1988 i gael ei chydnabod fel awdur y llyfr hwn.
Gellir prynu'r gyfrol Saesneg (*Badger Maths Problem Solving Book 1*: 1-85880-358-6) gan
Badger Publishing Ltd, 15 Wedgwood Gate, Pin Green Industrial Estate, Stevenage, Herts SG1 4SU.
www.badger-publishing.co.uk T. 01438 356907, F. 01438 747015

Y fersiwn Cymraeg:
© Addasiad Cymraeg: Atebol, Adeiladau'r Fagwyr, Llanfihangel Genau'r Glyn, Aberystwyth, Ceredigion SY24 5AQ

Cyhoeddir y fersiwn Cymraeg gan:
Atebol Cyfyngedig, Adeiladau'r Fagwyr, Llandre, Aberystwyth, Ceredigion SY24 5AQ

ISBN 0-9547578-6-6

Trydydd argraffiad 2015

Addasiad Cymraeg gan Gwyneth Jones
Golygwyd gan Robin Bateman
Paratowyd ar gyfer y wasg gan Glyn Saunders Jones
Dyluniwyd gan Stiwdio Ceri Jones

Aelodau'r Pwyllgor Monitro:
Buddug Bates, Ysgol Efyrnwy, Llanwddyn
Pat Jones, Ysgol Gymraeg Castell-Nedd

Argraffwyd gan: Argraffwyr Cambria, Aberystwyth, Ceredigion

Cyflwyniad

Pwrpas y gyfrol *Datrys Problemau* yw cynnig adnodd gwerthfawr ar gyfer athrawon er mwyn iddynt hybu gallu disgyblion Blynyddoedd 4 a 5 i ddatrys problemau mewn mathemateg. Mae'r llyfr yn ymateb i'r galw am osod mwy o bwyslais ar ddefnyddio a chymhwyso mathemateg.

Sut mae'r llyfr hwn wedi'i drefnu?

- Mae *Sut mae mynd ati i ddatrys problemau* ar dudalen 4 yn amlinellu'r strategaethau hanfodol sydd eu hangen ar ddisgyblion Cyfnod Allweddol 2 i ddatrys problemau mewn mathemateg. Mae'n amlinellu dull 4-cam sy'n cynnwys treulio amser i egluro dulliau a'u hystyried yn fanwl.
- Mae'r llyfr wedi'i rannu'n 6 adran gyda phob un ohonynt yn esbonio sut y defnyddir strategaeth arbennig. Mae pob adran yn cynnwys canllawiau ar gyfer athrawon sy'n esbonio sut mae'r strategaeth yn gweithio. Mae'r llyfr hefyd yn cynnwys tair enghraifft y gellir eu defnyddio fel enghreifftiau gyda dosbarth cyfan. Mae'r enghreifftiau hyn yn dangos sut y gellir defnyddio'r dull 4-cam i ddatrys problemau sy'n cael ei amlinellu yn y bennod gyntaf. Cynhwysir atebion a gweithgareddau pellach.
- Mae pob adran o'r llyfr yn cynnwys 5 neu 6 cherdyn tasgau y gellir eu llungopïo. Mae pob un o'r tudalennau hyn yn cynnwys tair enghraifft sy'n dangos sut i ddatrys y broblem ar ffurf cwestiynau neu weithgareddau. Mae'r problemau, sydd wedi'u rhifo rhwng 1 a 102, yn cael eu cyflwyno ar dair prif lefel er mwyn cynnig tasgau gwahaniaethol:

  Lefel A ar gyfer disgyblion sy'n gweithio yn is na'r disgwyliadau cenedlaethol

  Lefel B ar gyfer disgyblion sy'n gweithio ar lefel y disgwyliadau cenedlaethol

  Lefel C ar gyfer disgyblion sy'n gweithio yn uwch na'r disgwyliadau cenedlaethol
- Mae hefyd Prif Gopi ar gyfer pob adran gyda chwestiynau sbardun i helpu disgyblion weithio drwy ddefnyddio'r dull 4-cam a argymhellir ar gyfer datrys problemau. Fe all hyn fod yn addas ar gyfer disgyblion sydd angen help ychwanegol neu lle mae angen atgyfnerthu'r strategaeth berthnasol.

Defnyddio'r Llyfr Hwn

Mae'r llyfr yn cynnig dull hyblyg o weithio. Gellir ei ddefnyddio mewn sawl ffordd wahanol:

- I helpu athrawon gyflwyno strategaethau a dulliau mwy effeithiol o ddatrys problemau
- Fel adnodd ar gyfer cyflwyno pynciau gwahanol fel Hyd neu Gyfrannedd, yn arbennig felly os oes angen ymarfer ychwanegol ar sut i ddefnyddio a chymhwyso mathemateg
- I gynnig ymarfer gwahaniaethol tra'n defnyddio strategaethau gwahanol wrth ddatrys problemau, e.e. llunio tablau a defnyddio diagramau
- Fel ymarfer ychwanegol ar gyfer gwaith cartref neu ar gyfer gwahanol fathau o waith asesu mewn mathemateg.

Datrys Problemau

Sut mae mynd ati i ddatrys problemau

Mae'n bwysig bod disgyblion yn dilyn proses rhesymegol a systematig wrth ddatrys problemau. Bydd dilyn y camau isod yn rhoi cyfle iddynt weithio mewn ffordd strwythredig ac ystyrlon.

CAM 1: DEALL Y BROBLEM

❖ Annogwch y disgyblion i ddarllen y broblem nifer o weithiau'n ofalus hyd nes iddynt ddeall yn llawn yr hyn sy'n ofynnol ganddynt. Efallai bydd angen iddynt drafod y broblem gydag eraill neu ailysgrifennu'r cwestiwn yn eu geiriau eu hunain.
❖ Dylai'r disgyblion ofyn cwestiynau tebyg i, beth sydd angen ei wneud, pa wybodaeth sy'n bwrpasol ac yn angenrheidiol i ateb y cwestiwn?
❖ Byddai'n fuddiol i'r disgyblion danlinellu unrhyw eiriau anghyfarwydd a dod o hyd i'w hystyr.
❖ Dylai'r disgyblion ddewis y wybodaeth sy'n ddefnyddiol a phenderfynu beth sydd angen ei wybod neu ei ddarganfod. Dylent hefyd fod yn ymwybodol o unrhyw wybodaeth nad sydd ei angen arnynt i ateb y cwestiwn.
❖ Gall braslun o'r broblem fod yn ddefnyddiol.

CAM 2: DYLAI'R DISGYBLION BENDERFYNU AR GYNLLUN

Dylai'r disgyblion feddwl am ffyrdd o ddatrys y broblem drwy ystyried y strategaethau amrywiol y gellir eu defnyddio. Gallent geisio rhagfynegi neu ddyfalu canlyniad. Yn aml iawn, gall ddyfalu arwain at gyffredinoli a allai fod o fudd wrth ddatrys y broblem. Dylid annog y disgyblion i beidio â dyfalu ar hap ond eto dylid rhoi cyfleoedd iddynt gymryd risg. Dylent geisio perthnasu'r gwaith i weithgareddau datrys problemau a wnaed ganddynt eisoes. Dylent gadw cofnod o'r strategaethau maent wedi'u defnyddio fel na fyddant yn eu hailadrodd.

Dyma rhai strategaethau posibl:

❖ Tynnu braslun, graff neu dabl
❖ Actio sefyllfa neu ddefnyddio offer
❖ Trefnu rhestr
❖ Adnabod patrwm a'i ymestyn
❖ Dyfalu a gwirio
❖ Gweithio tuag yn ôl
❖ Defnyddio rhifau llai i ddatrys y broblem, yna defnyddio'r un dull yn y broblem iawn
❖ Ysgrifennu brawddeg rif
❖ Defnyddio rhesymeg a chliwiau
❖ Datgymalu'r broblem i rannau llai.

CAM 3: DATRYS Y BROBLEM

❖ Dylai'r disgyblion gofnodi eu syniadau wrth weithio er mwyn iddynt gofio sut y cafodd y broblem ei datrys
❖ Dylai eu dull o weithio fod yn systematig
❖ Os ydynt yn cael trafferth, dylai'r disgyblion ailddarllen y broblem ac ailystyried eu dulliau
❖ Dylai'r disgyblion gael cyfle i esbonio eu dulliau ar lafar.

CAM 4: YSTYRIED EU GWAITH

❖ Dylai'r disgyblion ystyried os yw eu hatebion yn synhwyrol ac yn ateb yr hyn oedd ei angen.
❖ Dylai'r disgyblion ddarlunio a chofnodi'u prosesau meddwl, eu hamcangyfrifon a'u dulliau o weithio, gan y bydd hyn yn rhoi cyfle iddynt edrych yn ôl ar eu gwaith. Pan fyddant wedi dod o hyd i ateb, dylent gael y cyfle i esbonio'r broses i rywun arall.
❖ Dylai'r disgyblion ofyn y cwestiwn 'beth os' er mwyn cysylltu'r broblem ag un arall. Bydd hyn yn rhoi cyfle i ymchwilio dyfnach ac yn hybu eu defnydd o brosesau meddwl rhesymegol.
❖ Dylai'r disgyblion ystyried y posibilrwydd o ddatrys y broblem mewn ffordd symlach.

Llunio Diagram

Canllawiau i Athrawon Llunio Diagram

Gall tynnu llun o broblem eiriol ddatgelu agweddau o'r broblem nad sy'n amlwg ar y cychwyn. Os yw'r sefyllfa'n anodd i'w dehongli'n weledol, gall defnyddio diagram, symbolau neu luniau roi cymorth i'r disgyblion weld y sefyllfa'n fwy eglur. Bydd diagram yn helpu'r disgybl i gadw trefn ar y camau o fewn problem aml-gam.

Bydd angen i'r disgyblion ddatblygu'r sgiliau a'r ddealltwriaeth a restrir isod er mwyn elwa'n llawn o strategaeth sy'n defnyddio diagramau'n effeithiol.

DEFNYDDIO LLINELL I GYNRYCHIOLI'R HYN SYDD DAN SYLW

Mae diagramau syml yn gymorth gweledol i ddeall ambell i sefyllfa. Mewn un broblem, gofynnwyd i ddisgyblion sawl postyn fyddai ei angen os yw un postyn wedi'i osod pob dau fetr ar hyd darn deng metr o raff. Wrth ateb, efallai bydd y disgyblion yn cyfrifo $10 \div 2 = 5$ yn eu pen, gan gael pum postyn yn ateb. Ond, os bydd y disgyblion wedi llunio diagram o'r rhaff a'r pyst, fe welant fod angen chwe phostyn gan bod un postyn ar ddechrau'r rhaff ac un arall ar ei ddiwedd.

DEFNYDDIO LLINELL AMSER/ PELLTER I ARDDANGOS GWYBODAETH

Mae llinell amser/pellter yn helpu wrth ddangos pellter, neu symudiad o un man i'r llall. Gofynnwyd i ddisgyblion ddefnyddio'r manylion ar yr arwyddbost hwn i gyfrifo pa mor bell yr oeddynt o'r ddinas pan roeddynt 17 cilometr o'r môr.

Y Ddinas 30km ←
Y Môr 65km →

Dylai'r disgyblion dynnu llinell a nodi'r pellterau pwysig arni.

Y Ddinas — 30km — arwydd — 65km — 17km — Y Môr

$$30 \text{ km} + (65 \text{ km} - 17 \text{ km}) = 78 \text{ km}$$

GRADDFA

Pan fo angen llunio diagram o ardal fawr bydd yn ofynnol i'r disgyblion wneud hynny gan ddefnyddio graddfa. Er enghraifft, mewn diagram, gall un centimetr gynrychioli un cilometr.

Hefyd, gall llinell un centimetr gynrychioli deg cilometr neu hyd yn oed 500 cilometr, gan ddibynnu ar raddfa'r diagram.

Bydd angen dangos i'r disgyblion sut mae defnyddio mesuriadau ar raddfa i ddatrys problem, ac yna drosi'r ateb i'r mesuriadau cywir.

MAPIO NEU DDANGOS CYFEIRIAD

Yn aml iawn, bydd diagramau gan y disgyblion sy'n gofyn am ddealltwriaeth o gyfeiriad. Weithiau bydd angen nodi symudiad i fyny, i lawr, i'r dde neu i'r chwith ar grid. Bydd angen iddynt hefyd ddefnyddio cyfeiriadau'r cwmpawd i gyfeirio'u hunain, cyfeiriadau fel: Gogledd, De, Dwyrain, Gorllewin, Gogledd–Ddwyreiniol, De-Orllewinol.

Bydd angen iddynt hefyd ddod yn gyfarwydd â geirfa fesur, gan gynnwys mesurau ansafonol, fel 'cam'.

Dylid cynnig cyfle i'r disgyblion ddyfalu sawl cam sydd ei angen i fesur hyd a lled y dosbarth neu'r iard chwarae, fel eu bod yn datblygu'r dull o gymharu.

Dylai'r disgyblion ddatblygu'r gallu i ddefnyddio map fel ffocws y broblem dan sylw.

Dylent fod yn gallu cynllunio pedwar llwybr rhwng Glanaber a Glanymaes heb fynd drwy unrhyw dref fwy nag unwaith.

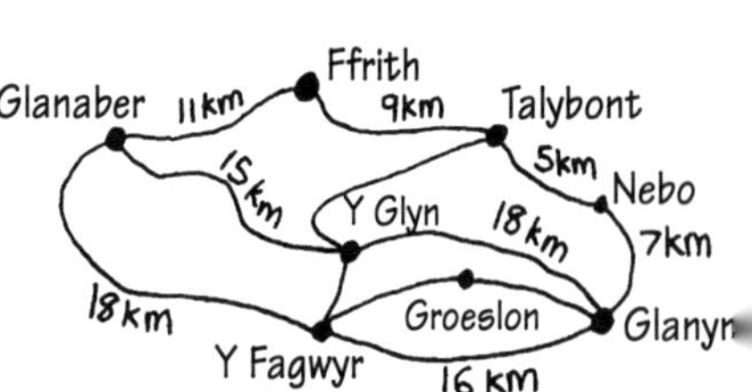

DANGOS Y BERTHYNAS RHWNG PETHAU A'I GILYDD

Bydd o gymorth i'r disgyblion i lunio diagram a defnyddio symbolau er mwyn gweld y berthynas rhwng pethau a'i gilydd.

Er enghraifft:

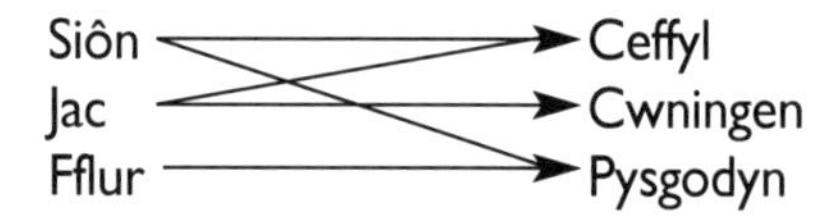

TYNNU LLUN

Gall tynnu llun helpu'r disgyblion i drefnu eu syniadau a thrwy hynny, symleiddio problem.

Mae angen trefnu'r pedwar darn domino i siâp sgwâr fel bod cyfanswm pob ochr y sgwâr yn ddeg.

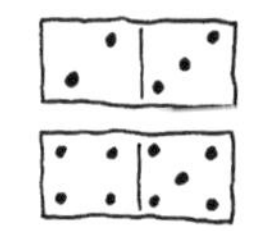

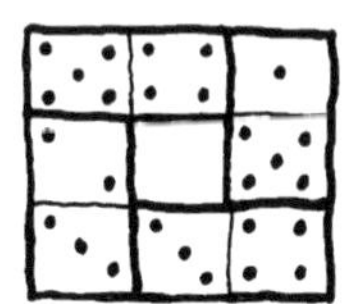

Enghreifftiau Llunio Diagram

ENGHRAIFFT 1

Adeiladodd nifer o blant dŷ chwarae sgwâr. Defnyddiwyd wyth postyn fertigol ar gyfer pob ochr i'r tŷ. Beth oedd cyfanswm nifer y pyst a ddefnyddiwyd ganddynt?

Deall y broblem

BETH YDYM YN EI WYBOD?

Roedd y tŷ yn sgwâr.
Roedd angen nifer penodol o byst ar bob ochr.

BETH YDYM AM EI DDARGANFOD?

Cwestiynu:
Ydym ni'n deall ystyr postyn fertigol?
Sawl postyn oedd ei angen i gyd?

Cynllunio a chyfathrebu datrysiad

YR HYN WNAETHOM NI

Mae hi'n hynod o bwysig i ddisgyblion ddatblygu eu gallu i esbonio eu strategaethau'n rhesymegol. Dylent ddefnyddio iaith fathemategol a lluniau wrth esbonio ac wrth fynd drwy'r broses o ddatrys problem.

Gall rhai disgyblion gynnig bod yr ateb yn rhwydd i'w gael gan fod pedair ochr i'r tŷ ac felly bydd wyth postyn ar gyfer bob ochr yn rhoi cyfanswm o 32 postyn. Mae hyn yn anghywir. Dylai'r disgyblion gael eu hannog i dynnu llun er mwyn gweld y broblem yn glir. Yna gallant weld a rhifo'r pyst.

Esboniad cam wrth gam

Dyma esboniad cam wrth gam o'r broses.

Gadewch i • gynrychioli un postyn. Gofynnwch i'r disgyblion dynnu llun un ochr y tŷ yn gyntaf.

• • • • • • • •

Yna dylent dynnu llun yr ail ochr. Dyma'r amser delfrydol i drafod a os oes eisiau defnyddio'r postyn cornel unwaith neu ddwywaith.

Bydd y disgyblion yn gweld mai saith postyn fydd eu hangen ar yr ail ochr gan y defnyddir y postyn cornel ar gyfer dwy ochr. Saith postyn fydd eu hangen ar gyfer y drydedd ochr hefyd gan yr ailddefnyddir y postyn cornel.

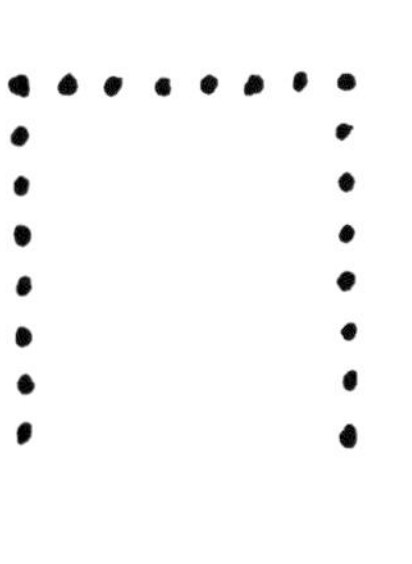

Pan fydd y disgyblion yn tynnu llun yr ochr olaf, mae'n bwysig iddynt rifo'r pyst yn ofalus i sicrhau bod wyth postyn yno. Gan bod y ddau bostyn cornel yno'n barod, dim ond chwe phostyn ychwanegol fydd eu hangen arnynt.

Wrth rifo'r pyst yn ofalus, cawn weld mai cyfanswm o 28 postyn a ddefnyddiwyd gan y plant i adeiladu'r tŷ.

Ystyried a chyfredinoli

Unwaith bydd y disgyblion wedi cael cyfle i edrych yn ôl tros yr ateb, gallant gyffredinoli am broblemau tebyg a gweld sut all y datrysiad hwn gael ei gymhwyso at broblemau tebyg. Dylent ystyried y dull a ddefnyddiwyd ganddynt i weld a ellir gwella arno. Dylent hefyd feddwl am gywirdeb y dull. Dylent gwestiynu a oes dull gwahanol y gellir ei ddefnyddio. Bydd defnyddio blociau neu offer tebyg yn lle pensil a phapur yn ddefnyddiol wrth ymchwilio. Mae hi hefyd yn bosibl defnyddio'r blociau i wirio'r ateb.

Gwaith pellach

Beth os y defnyddiwyd 12 postyn ar bob ochr?
Pa effaith fyddai newid siâp y tŷ i betryal yn ei gael?
Beth os mai ar siâp petryal oedd y tŷ a bod 26 postyn wedi eu defnyddio (heb roi'r mesuriadau hyd a lled)? Sawl ffordd wahanol sydd o osod y pyst? Beth os byddai 36 postyn ar gael?

ENGHRAIFFT 2

Mae angen torri darn o bren yn wyth darn.
Mae'n cymryd tri deg eiliad i wneud pob toriad.
Faint o amser fydd hi'n hi'n ei gymryd i dorri'r pren yn wyth darn?

Deall y broblem

BETH YDYM YN EI WYBOD?

Mae angen wyth darn o bren.
Mae'n cymryd 30 eiliad i wneud un toriad.

BETH YDYM AM EI DDARGANFOD?

Cwestiynu:
Sawl toriad fydd ei angen? Faint o amser mae'r toriadau yn eu cymryd? Ai problem rifol yw hon neu a fydd llun o help?

Cynllunio a chyfathrebu datrysiad

YR HYN WNAETHOM NI

Tynnu llinell i gynrychioli'r darn pren.

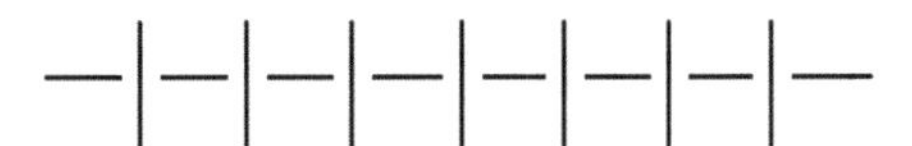

Er mwyn cael wyth darn, rhaid torri'r pren mewn saith lle.

—|—|—|—|—|—|—|—

Saith toriad wedi'i luosi â 30 eiliad ar gyfer pob toriad yw 7 x 30 = 210 eiliad. Bydd hi'n cymryd 210 eiliad neu 3 munud 30 eiliad i wneud y toriadau.

Ystyried a chyffredinoli

Nid oedd y disgyblion a luosodd wyth darn â 30 eiliad wedi gweld y broblem yn glir ac roeddynt yn gweithio'n ddiofal. Dylent gael darn o bapur neu ddarn o blastisin a'i dorri'n ddarnau. Gallwn gyffredinoli ar gyfer y dyfodol pan fo angen torri darn hir o bren yn ddarnau llai, a chofio nad oes angen torri'r darn pen. (Bydd llun o help i egluro hyn.)

Gwaith pellach

Beth os byddai nifer o blant yn adeiladu tŷ pren mewn coeden a'i bod hi'n cymryd 3 munud i uno pob darn o bren yn ddiogel at ei gilydd? Faint o amser fyddai ei angen i adeiladu'r waliau os byddai angen chwe darn fertigol o bren ar bob ochr y tŷ?

ENGHRAIFFT 3

Syrthiodd broga i lawr hen ffynnon 21 metr o ddyfnder. Roedd yn anodd iawn iddo neidio i fyny'r waliau mwdlyd. Dechreuodd neidio am 6 o'r gloch y bore. Cymerodd 15 munud i neidio 3 metr gan bod y waliau mor llithrig. Ar ddiwedd pob chwarter awr, mae'r broga'n cael saib o 5 munud ac wrth wneud hynny, mae'n llithro i lawr 1 metr. Parhaodd ar ei daith gan ddilyn y patrwm hwn. Pa amser oedd hi pan gyrhaeddodd y broga geg y ffynnon?

Deall y broblem

BETH YDYM YN EI WYBOD?

Dyfnder y ffynnon oedd 21 metr.
Dechreuodd y broga neidio am 6 o'r gloch y bore.
Neidiodd 3 metr mewn 15 munud.
Llithrodd i lawr 1 metr ar ddiwedd pob cyfnod o 15 munud.

BETH YDYM AM EI DDARGANFOD?

Cwestiynu:
Pa amser gyrhaeddodd y broga geg y ffynnon?

Cynllunio a chyfathrebu datrysiad

Gallwn fwrw ati i ddatrys y broblem hon o sawl cyfeiriad. Gall y disgyblion ddefnyddio 25 sgwâr o bapur grid 1cm neu fe ellid tynnu llinell amser â marciau 1cm a fyddai'n cynrychioli 1 metr o symudiadau'r broga. Gall tynnu llun fod o help i'r disgyblion ddehongli'r broblem.

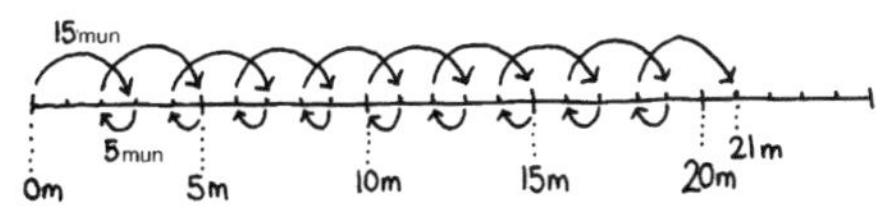

Byddai'n cymryd 195 munud i'r broga i ddringo'r 21 metr. Byddai'n cyrraedd ceg y ffynnon am 9:15 o'r gloch y bore.

Ystyried a chyffredinoli

Mae'n bwysig i'r disgyblion ddeall bod mwy nag un ffordd o fwrw ati. Bydd y papur grid neu'r llinell amser yn eu cynorthwyo i ddehongli'r broblem ond gellid bod wedi datrys y broblem wrth lunio tabl.

Gwaith pellach

Beth os byddai wedi bwrw cenllysg am awr a chwarter a bod yn rhaid i'r broga fynd yn ôl i waelod y ffynnon wedi iddo ddringo deunaw metr? Byddai'n rhaid i'r broga ddechrau dringo eto. Faint o amser fyddai'n ei gymryd yn awr?

Prif gopi Llunio Diagram

★ Deall y Broblem

Rhestrwch y wybodaeth sydd gennych ....

....

Beth ydych chi am ei ddarganfod? ....
Pa gwestiynau sydd gennych? ....
Beth ydych chi'n ansicr ohono? ....
Oes 'na eiriau anodd neu aneglur yno? ....
Beth sydd angen i chi ei wneud? ....

★ Cynllunio a chyfathrebu datrysiad

Pa gynllun fyddwch chi'n rhoi cynnig arno? Fyddwch chi'n tynnu llinell i gynrychioli'r gwrthrychau? Fyddwch chi'n tynnu llinell amser i ddangos amser neu bellter? Fyddwch chi'n tynnu llun i gynrychioli'r gwrthrychau? Fyddwch chi'n dilyn taith ar fap? Fyddwch chi'n defnyddio cyfeiriadau'r cwmpawd? Fyddwch chi'n defnyddio diagram wedi'i lunio wrth raddfa? Fyddwch chi'n dangos y berthynas rhwng elfenau a'i gilydd drwy ddefnyddio diagram neu symbolau?

★ Ystyried a chyffredinoli

Beth ddaethoch chi o hyd iddo?
Pa mor gywir yw eich ateb? Sut all y strategaeth a ddefnyddioch chi gael ei chymhwyso i sefyllfaoedd eraill? Oedd 'na ddull mwy effeithiol y gallech chi fod wedi'i ddefnyddio? Oes 'na ddull byrrach neu un gwahanol?

....

....

....

★ Gwaith pellach

Sut allwn ni ymestyn y broblem hon? ....
Pa ffactorau allwn ni eu hychwanegu fel rhan o'r cwestiwn 'Beth petai'? ....

....

CARDIAU TASG DATRYS PROBLEMAU - Llunio diagram

Problem 1

Siâp a Gofod

Lefel A

Adeiladodd Siân dŷ sgwâr mewn coeden ger glan yr afon. Defnyddiodd wyth cangen fertigol ar gyfer pob ochr y tŷ. Sawl cangen oedd ei hangen arni?

Problem 2

Siâp a Gofod

Lefel A

Adeiladodd Ben dŵr gan ddefnyddio pedwar carton llaeth o liwiau gwahanol. Roedd y carton coch o dan yr un gwyrdd. Roedd y carton glas uwchben yr un melyn ond roedd hwnnw uwchben y carton gwyrdd. Pa garton oedd ar ben y tŵr?

Problem 3

Mesurau

Lefel A

Mae Meic eisiau llifio darn o beipen yn saith darn. Os yw'n cymryd pedair munud i wneud un toriad, pa mor hir fydd Meic yn ei gymryd i gwblhau'r gwaith?

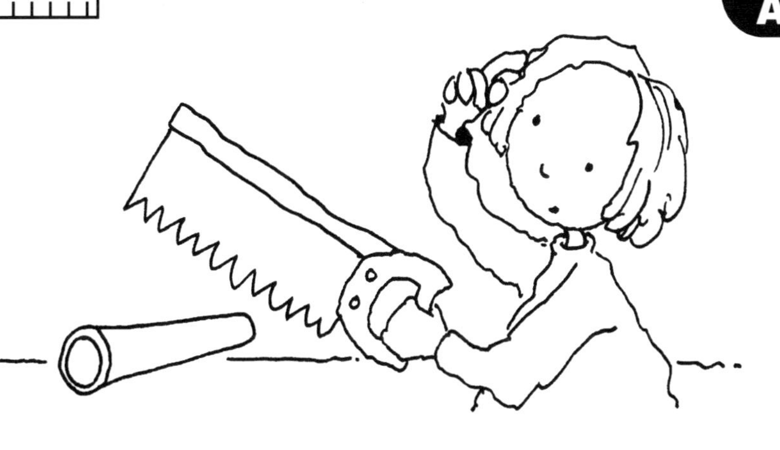

Problem 4

Mesurau

Lefel A

Mae pryf copyn wrthi'n dringo adeilad 30 metr o uchder. Mae'n dringo 5 metr pob dydd ond wedi iddo wneud hynny, mae'n llithro'n ôl 1 metr. Sawl diwrnod fydd angen arno i gyrraedd brig yr adeilad?

Problem 5

Mesurau

Lefel A

Mae Jacob yn defnyddio Lego i adeiladu wal isel. Mae angen eiliad a hanner arno i uno unrhyw ddau ddarn. Faint o amser sydd ei angen arno i uno naw darn mewn un stribed hir?

Problem 6

Siâp a Gofod

Lefel B

Cafodd Siôn gacen ben-blwydd ar ffurf ciwb oedd ag eisin pinc drosti i gyd. Os byddai'r gacen yn cael ei thorri yn 27 ciwb bychan, sawl ciwb fyddai ag eisin pinc ar un ochr, ar ddwy ochr neu ar dair ochr iddo? Sawl ciwb fyddai heb eisin arno o gwbl?

CARDIAU TASG DATRYS PROBLEMAU - Llunio diagram

Problem 7

Siâp a Gofod

Lefel B

Mae desgiau Blwyddyn 4 wedi'u gosod mewn rhesi sydd yr un hyd. Mae Sioned yn eistedd wrth ddesg sydd bedair o'r tu blaen a thair o'r cefn. Mae pedair desg ar ochr dde Sioned ond dim ond un sydd i'r chwith iddi. Sawl desg sydd yn yr ystafell?

Problem 8

Siâp a Gofod

Mesurau

Collodd Mrs Williams ei ffordd wrth fynd i gyfarfod pwysig. Gofynnodd i ffermwr ei helpu. Dywedodd y ffermwr fod rhai o'r ffyrdd dan ddŵr ac y byddai'n rhaid iddi fynd ar hyd ffordd hirach i gyrraedd ei chyfarfod. Dywedodd wrthi am yrru pedwar cilometr i gyfeiriad y gogledd, yna ymlaen am bum cilometr tua'r gorllewin. Yna, byddai angen iddi yrru tua'r de am ddau gilometr, gyrru tua'r dwyrain am gilometr arall cyn teithio tua'r gogledd am gilometr. Byddai'r daith hon yn sicrhau ei bod yn cyrraedd ei chyfarfod.

Er mwyn iddi gofio cyfarwyddiadau'r ffermwr, lluniodd Mrs Williams fap ar bapur grid 1 cm. Rhowch help llaw iddi lunio'r map.

Problem 9

Mesurau

Lefel B

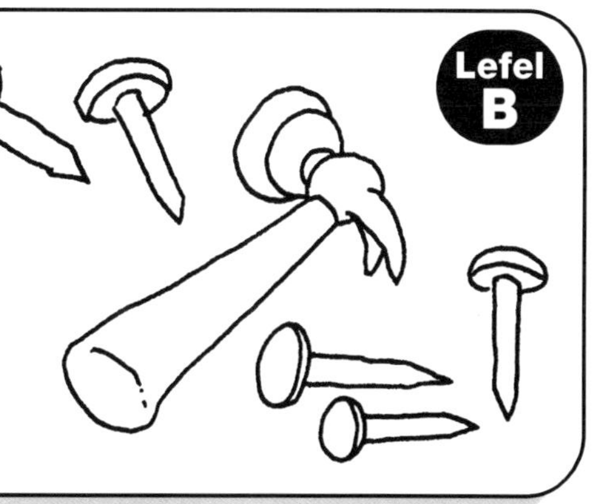

Mae Angharad am daro 5 hoelen i ddarn o bren ar gyfer ei gwaith Dylunio a Thechnoleg. Mae'n rhaid i'r hoelion fod mewn llinell syth gan adael bwlch o 0.75 cm rhwng pob hoelen. Beth yw'r pellter rhwng yr hoelen gyntaf a'r un olaf?

Problem 10 Mesurau

Lefel B

Mae Mrs Singh wedi penderfynu defnyddio rhan o'i gardd sydd ar siâp petryal i dyfu llysiau. Roedd yn rhaid iddi sicrhau bod ffens ar bob ochr i'r ardd lysiau newydd er mwyn sicrhau na fyddai defaid yn torri i mewn a bwyta'r llysiau. Defnyddiodd Mrs Singh gyfanswm o 26 postyn i wneud y ffens ond roedd angen 5 postyn yn fwy ar yr ochrau hir nag ar yr ochrau byr. Sawl postyn oedd ar bob ochr?

Problem 11 Rhifau 123

Lefel B

Un bore, tra'n gwersylla, mae nifer o'r disgyblion yn sefyll mewn rhes er mwyn cael eu brecwast. Mae 50 o blant o flaen Ned. Mae Ned yn teimlo'n newynog felly mae'n penderfynu symud ymlaen ar hyd y rhes. Mae'n sleifio heibio i ddau blentyn pob tro mae rhywun yn cael ei fwyd. Sawl plentyn sy'n cael ei fwyd o flaen Ned?

Problem 12 Rhifau 123

Lefel B

Roedd dau gant dau ddeg saith o blant yn y gwasanaeth boreol. Rhoddwyd taflen newyddion i bob degfed plentyn. Sawl plentyn dderbyniodd daflen newyddion?

Problem 13

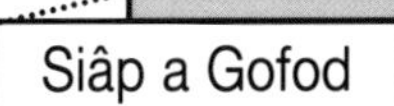

Mae 5 teulu yn adeiladu tŷ newydd yr un mewn cae mawr. Bydd angen ffyrdd newydd i gysylltu'r tai hyn â'i gilydd. Sawl ffordd fydd ei hangen?

Problem 14

Siâp a Gofod

Lefel C

Gofynnwyd i arddwr blannu deg coeden mewn pump rhes a phedair coeden ymhob rhes. Sut wnaeth y garddwr ddatrys y broblem hon?

Problem 15

Siâp a Gofod

Mae angen cuddio deg gwobr ar gyfer helfa drysor mewn gardd. Er mwyn gwneud hyn yn deg, rhannwyd yr ardd yn sgwariau dychmygol, pump sgwâr ar draws a phump i lawr.

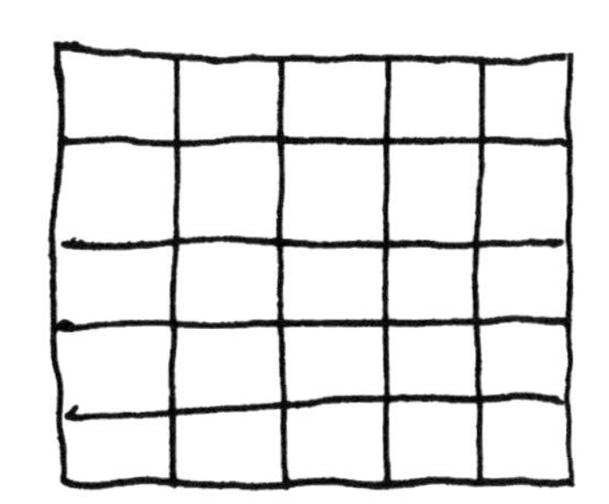

Mae angen cuddio'r gwobrau ymhob rhan o'r ardd. Rhaid sicrhau nad oes mwy na dwy wobr wedi'u cuddio mewn unrhyw res nac unrhyw golofn. Tynnwch lun y mannau cuddio ar y grid.

Problem 16

Mesurau

Lefel C

Mae malwen ar waelod ffynnon ddofn. Dyfnder y ffynnon yw 1530 cemtimetr. Pob dydd, mae'r falwen yn dringo 180 cm ac yna'n aros i gael ei gwynt. Wrth gael ei gwynt, mae'r falwen yn llithro i lawr 30 cm. Sawl diwrnod sydd ei angen arni er mwyn i'r falwen gyrraedd ceg y ffynnon?

Problem 17

Mesurau

Lefel C

Cafodd strydoedd o gwmpas yr ysgol eu cau ar gyfer y marathon blynyddol. Yn ystod y ras, rhaid i'r cystadleuwyr redeg ar y ffyrdd a phasio pob un man cofnodi. Beth yw'r llwybr cyflymaf all y cystadleuwyr ei ddewis heb redeg dros yr un rhan o ffordd yn fwy nag unwaith?

Problem 18

Mesurau

Lefel C

Mae gan Eric ardd gefn sy'n mesur 10 metr wrth 14 metr. Pob dydd, mae Eric yn mynd i lawr llwybr 3 metr o hyd o'r drws cefn i'r ardd ac yna mae'n seiclo o gwmpas perimedr yr ardd bedair gwaith. Wedi hynny, mae'n seiclo'n ôl at y drws cefn. Pa mor bell mae Eric yn ei seiclo pob dydd?

Atebion i'r Cardiau Tasg Llunio Diagram

Problem 1

Defnyddiodd Siân 28 cangen i adeiladu ei thŷ yn y goeden.

Problem 2

Y carton glas oedd ar ben y tŵr.

Problem 3

Mae'n rhaid i Meic wneud chwe thoriad â phob un yn cymryd 4 munud, felly 6 x 4 = 24 munud.

Problem 4

Mae'r pryf cop yn cymryd wyth niwrnod i gyrraedd brig yr adeilad.

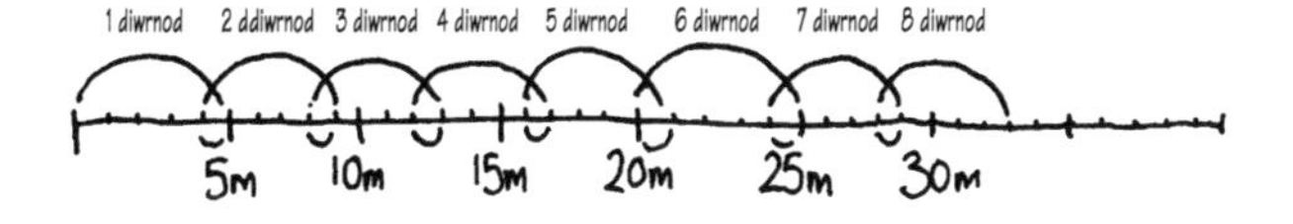

Problem 5

Roedd yn rhaid i Jacob uno'r 9 darn mewn wyth lle i wneud ei res o ddarnau Lego ac roedd angen eiliad a hanner i wneud pob uniad, felly 8 x 1½ = 12 eiliad.

Problem 6

0 ochr binc	1 ochr binc	2 ochr binc	3 ochr binc
1	6	12	8

Problem 7

Mae chwe desg ymhob rhes o'r blaen i'r cefn, a chwe desg o'r chwith i'r dde, felly mae 36 desg yn yr ystafell, 6 x 6 = 36.

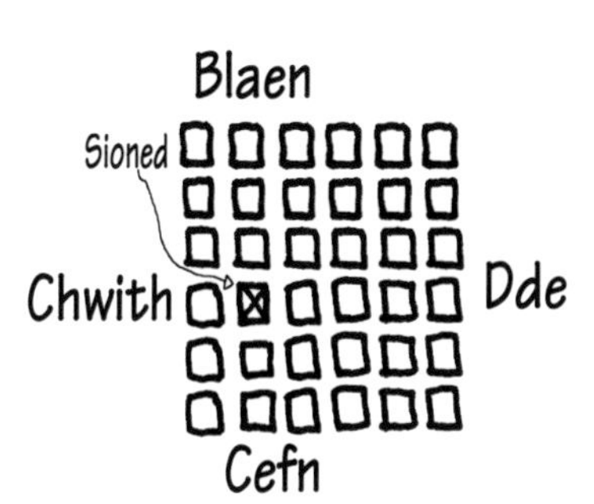

Problem 8

Dyma'r map luniodd Mrs Williams i gyrraedd ei chyfarfod.

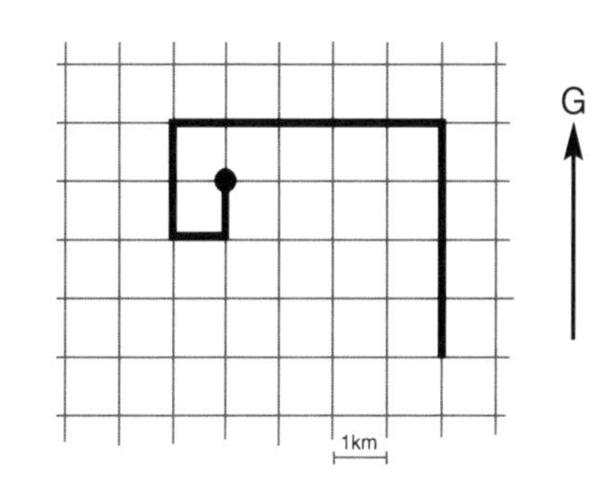

Problem 9

Mae 3 cm rhwng yr hoelen gyntaf a'r olaf, 4 x 0.75 = 3 cm

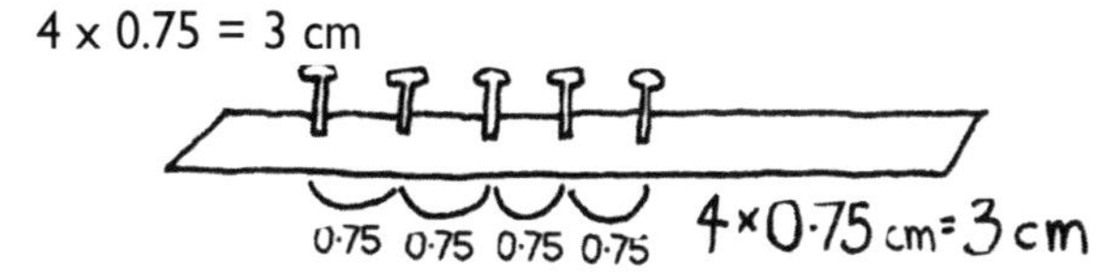

Problem 10

Defnyddiodd Mrs Singh ddeg postyn ar ochrau hir y ffens a phump postyn ar yr ochrau byr.

Problem 11

Bydd naill ai 16 neu 17 o blant yn cael eu bwydo o flaen Ned. Mae'r ateb yn dibynnu os oes rhywun yn cael ei fwyd cyn i Ned symud neu os yw Ned yn symud cyn i'r bwyd gael ei weini i'r plentyn cyntaf yn y rhes.

Problem 12

Derbyniodd 22 o blant y daflen.

10 o blant mewn 100, 20 mewn 200,
2 mewn 27,
cyfanswm = <u>22</u> o blant

Problem 13

Bydd angen adeiladu deg ffordd i gysylltu pob tŷ â'r gweddill.

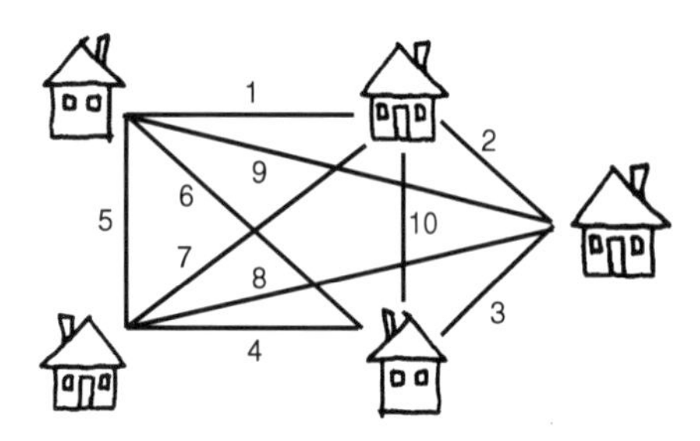

Problem 14

Dyma sut y plannodd y garddwr ddeg coeden mewn pump rhes.

Problem 15

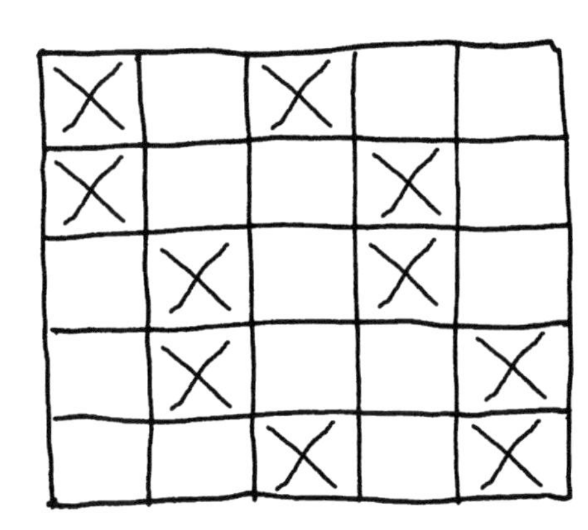

Problem 16

Cyrhaeddodd y falwen geg y ffynnon ar y degfed diwrnod.

Diwrnod	Yn dringo at uchder o (cm)	Yn llithro i lawr at (cm)
1	180	150
2	330	300
3	480	450
4	630	600
5	780	750
6	930	900
7	1080	1050
8	1230	1200
9	1380	1350
10	1530	

Problem 17

Dangosir y llwybr cyflymaf yn y diagram isod.

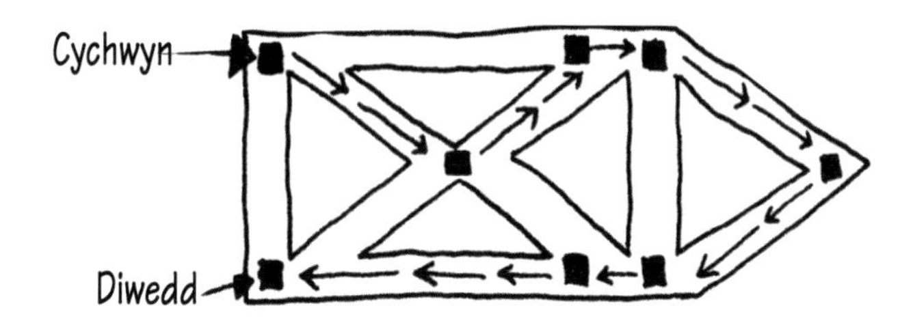

Problem 18

Mae Eric yn seiclo 198 metr pob dydd.

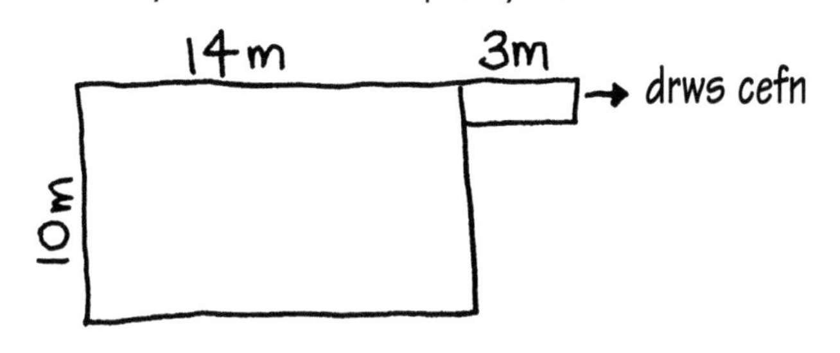

Cylched unwaith o gwmpas yr ardd, 10m + 14m + 10m + 14m = 48m
4 cylched yw 48 x 4 = 192m

I lawr y llwybr ac yn ôl at y drws cefn = 2 x 3m = 6m

Cyfanswm y pellter = 192m + 6m = 198m

Llunio Tabl

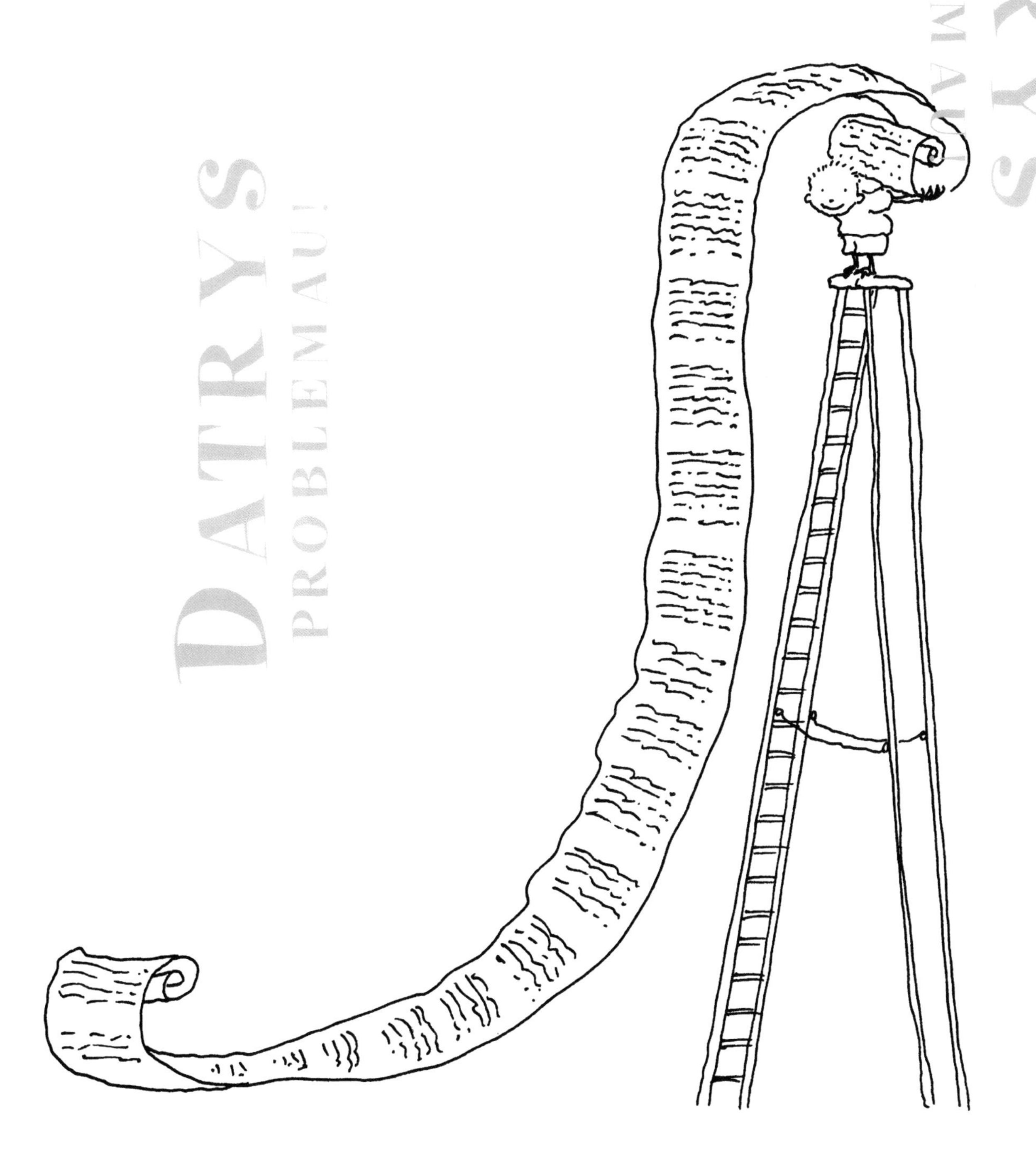

Canllawiau i Athrawon Llunio Tabl

Pan fo problem yn cynnwys mwy nag un nodwedd, mae gosod y wybodaeth mewn tabl yn strategaeth effeithiol. Gall tabl ein cynorthwyo i drefnu'r wybodaeth er mwyn ein galluogi i'w ddeall yn haws a hefyd er mwyn gweld cysylltiadau rhwng setiau o rifau'n fwy eglur. Mae'n rhwyddach gweld gwybodaeth mewn tabl a sylwi ar yr hyn sydd ar goll. Yn aml iawn wrth lunio tabl, gwelir patrymau neu ran o'r ateb fydd yn ddefnyddiol er mwyn datrys problem. Bydd yn arferol i'r disgyblion orfod creu rhywfaint o'r wybodaeth er mwyn cwblhau'r tabl a chanfod yr ateb i broblem.

Mae defnyddio tabl yn lleihau'r posibilrwydd o wneud camgymeriadau neu ailadrodd.

Yn aml iawn, bydd yn ofynnol i athrawon roi cymorth i'r disgyblion wrth benderfynu sut i rannu a dosbarthu'r wybodaeth yn y cwestiwn ac yna sut i lunio tabl addas. Dylai athrawon gynghori'r disgyblion ynglŷn â'r nifer o resi a cholofnau fydd eu hangen a pha benawdau fydd yn ddefnyddiol. Mae defnyddio symbolau a byrfoddau yn helpu eglurder tablau a dylid annog y disgyblion i'w defnyddio lle bynnag y bo'n bosibl.

Dylid atgyfnerthu rhai sgiliau a sicrhau dealltwriaeth cyn i'r disgyblion ddechrau defnyddio strategaeth tablau.

PENDERFYNU AR NIFER Y COLOFNAU YN ÔL NIFER Y NEWIDYNNAU

Wrth lunio tabl, mae'n bwysig iawn i'r disgyblion ddarllen y cwestiwn yn ofalus er mwyn penderfynu ar nifer y newidynnau y bydd angen eu cynnwys yn y tabl. Rhaid annog y disgyblion i ddatblygu'r sgil hon. Yn gyntaf, rhaid iddynt benderfynu sawl ffactor sydd o fewn y cwestiwn ac yna rhaid trafod a phenderfynu ai rhes neu golofn sydd ei hangen ar ba ffactor. Dylid sicrhau bod y disgyblion yn deall pa wybodaeth fydd y tabl yn ei roi iddynt. Mae penawdau ar gyfer colofnau a rhesi'n bwysig gan eu bod yn nodi cynnwys y tabl.

Er enghraifft:

Mae 18 anifail ar fferm. Ieir yw rhai ohonynt a gwartheg yw'r gweddill. Mae cyfanswm o saithdeg coes gan yr anifeiliaid. Sawl buwch a sawl iâr sydd ar y fferm?

Bydd angen llunio tabl sy'n cynnwys tair colofn.

Nifer yr ieir	Nifer y gwartheg	Nifer y coesau

GADAEL BYLCHAU MEWN TABLAU A'U GORFFEN YN Y PEN

Yn aml iawn, wrth lunio tabl, daw patrwm yn amlwg. Efallai bydd y disgyblion yn gallu hepgor peth o'r data ac felly adael bwlch yn y tabl ac wrth ddilyn y patrwm, gyfrifo hyd nes cyrraedd y rhif neu'r cyfanswm angenrheidiol yn eu pennau.

Er enghraifft, mae dau berson yn cael eu cymharu yn y cwestiwn hwn: Mae Mrs Lewis yn 32 mlwydd oed ac mae ei merch, Lisa, yn 8 oed. Beth fydd oed Lisa pan fydd hi hanner oed ei mam?

Mae angen llunio tabl dwy golofn:

Lisa	Mrs Lewis
8	32
9	33
10	34
11	35
12	36
13	37
24	48

Wrth adael bylchau a chyfrifo yn y pen, down at y casgliad y bydd ei mam yn 48 oed pan fydd Lisa'n 24 oed.

LLUNIO TABLAU FEL CYMORTH I GYFRIFO LLUOSRIFAU

Wrth gyfrifo lluosrifau, daw patrwm i'r amlwg yn fuan. Unwaith eto, efallai mai ond rhan o'r tabl fydd angen ei gwblhau er mwyn sefydlu'r patrwm ac yna wrth ddilyn y patrwm, gallwn ganfod yr ateb.

Er enghraifft: Mae ymchwil yn dangos fod gwallt melyn gan dri pherson ymhob deg. Sawl person â gwallt melyn fydd mewn 1000 o bobl?

Gwallt melyn	Cyfanswm y pobl
3	10
30	100
300	1 000

Mae'r ail enghraifft yn dangos sut mae sefydlu patrwm wrth gyfrifo cyfanswm cronnus.

Bechgyn yw pum disgybl o bob 12 mewn ysgol. Os oes 768 o ddisgyblion yn yr ysgol, sawl merch sydd yno?

Merched	Bechgyn	Cyfanswm
7	5	12
14	10	24
28	20	48
56	40	96
112	80	192
224	160	384
448	320	768

Merched yw 448 o'r 768 disgybl.

DILYN PATRWM

Gall tablau ein cynorthwyo i sefydlu patrymau o bob math. Gallwn osod yr holl wybodaeth sydd ar gael mewn tabl ac yna ei archwilio am unrhyw batrwm.

Er enghraifft: Mae plentyn yn chware pêl-fasged ar ei ben ei hun yn y parc. Yna, bob yn dipyn, mae grwpiau eraill o blant yn cyrraedd y parc i ymuno â'r gêm. Mae tri phlentyn yn y grŵp cyntaf, pump yn yr ail grŵp a saith yn y trydydd grŵp. Sawl grŵp fydd wedi cyrraedd pan fydd 64 o blant yn chwarae pel-fasged yn y parc?

Mae angen tair colofn yn y tabl.
Penawdau'r colofnau yw 'grwpiau', 'nifer plant' a 'cyfanswm'.

Grwpiau	Nifer plant	Cyfanswm
	1	1
1	3	4
2	5	9
3	7	16
4	9	25
5	11	36
6	13	49
7	15	64

Bydd saith grŵp wedi cyrraedd y parc.

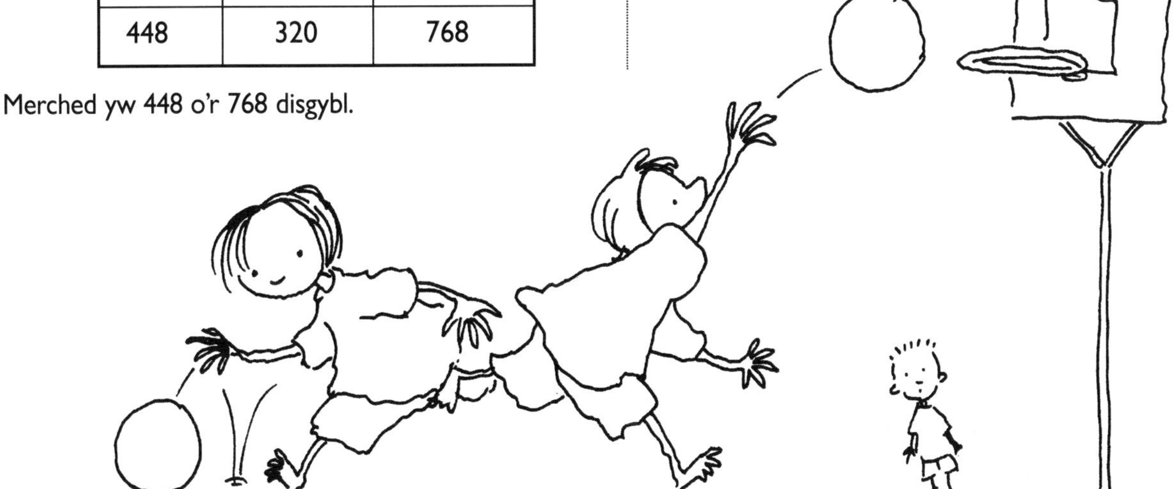

Enghreifftiau Llunio Tabl

ENGHRAIFFT 1

Mae grŵp o blant yn dysgu darn hir o farddoniaeth i'w berfformio yng nghyngerdd yr ysgol. Bob wythnos maen nhw'n dysgu nifer penodol o benillion. Yn yr wythnos gyntaf, maen nhw'n dysgu un pennill ac erbyn diwedd yr ail wythnos maen nhw wedi dysgu tri phennill. Ar ddiwedd y drydedd wythnos maen nhw wedi dysgu chwe phennill ac maen nhw wedi dysgu deg pennill erbyn diwedd y bedwaredd wythnos. Sawl pennill fyddai'r plant wedi ei ddysgu wedi deuddeng wythnos?

Deall y broblem

BETH YDYM YN EI WYBOD?

Yn yr wythnos gyntaf mae'r plant wedi dysgu un pennill. Ar ddiwedd yr ail wythnos, maen nhw wedi dysgu tri phennill. Ar ddiwedd y drydedd wythnos, maen nhw wedi dysgu chwe phennill. Erbyn diwedd y bedwaredd wythnos maen nhw wedi dysgu deg pennill.

BETH YDYM AM EI DDARGANFOD?

Cwestiynu: Sawl pennill oedd y plant yn ei wybod erbyn diwedd wythnos 12?
Oes 'na batrwm all fod o gymorth wrth lenwi'r tabl?

Cynllunio a chyfathrebu datrysiad

Dylai'r disgyblion lunio tabl yn cynnwys dwy res a 13 colofn neu dwy golofn a 13 rhes. Dylai'r rhes gyntaf restru'r wythnosau (1 – 12) a'r ail res restru nifer y penillion. Wedi gosod y wybodaeth yn y tabl daw'r patrwm i'r amlwg a gellir cyfrifo nifer y penillion (y patrwm a welir yma yw +1, +2, +3….)

Wythnos	1	2	3	4	5	6	7	8	9	10	11	12
Nifer y penillion	1	3	6	10	15	21	28	36	45	55	66	78

Byddai'r plant wedi dysgu 78 pennill wedi 12 wythnos.

Ystyried a chyffredinoli

Mae'r patrwm yn amlwg unwaith bod y wybodaeth mewn tabl. Gall disgybl sy'n hyderus yn y gwaith adael rhan o'r tabl heb ei llenwi a gall orffen y gwaith wrth gyfrifo yn y pen. Dylid annog y disgyblion i ddatblygu'r sgil o edrych am batrymau a'u cwblhau.

Gwaith pellach

Gellir ymestyn y gwaith drwy gynnwys cyfnodau adolygu wythnosol, pan na ddysgir unrhyw benillion newydd. Sut fydd hyn yn effeithio ar y canlyniad?

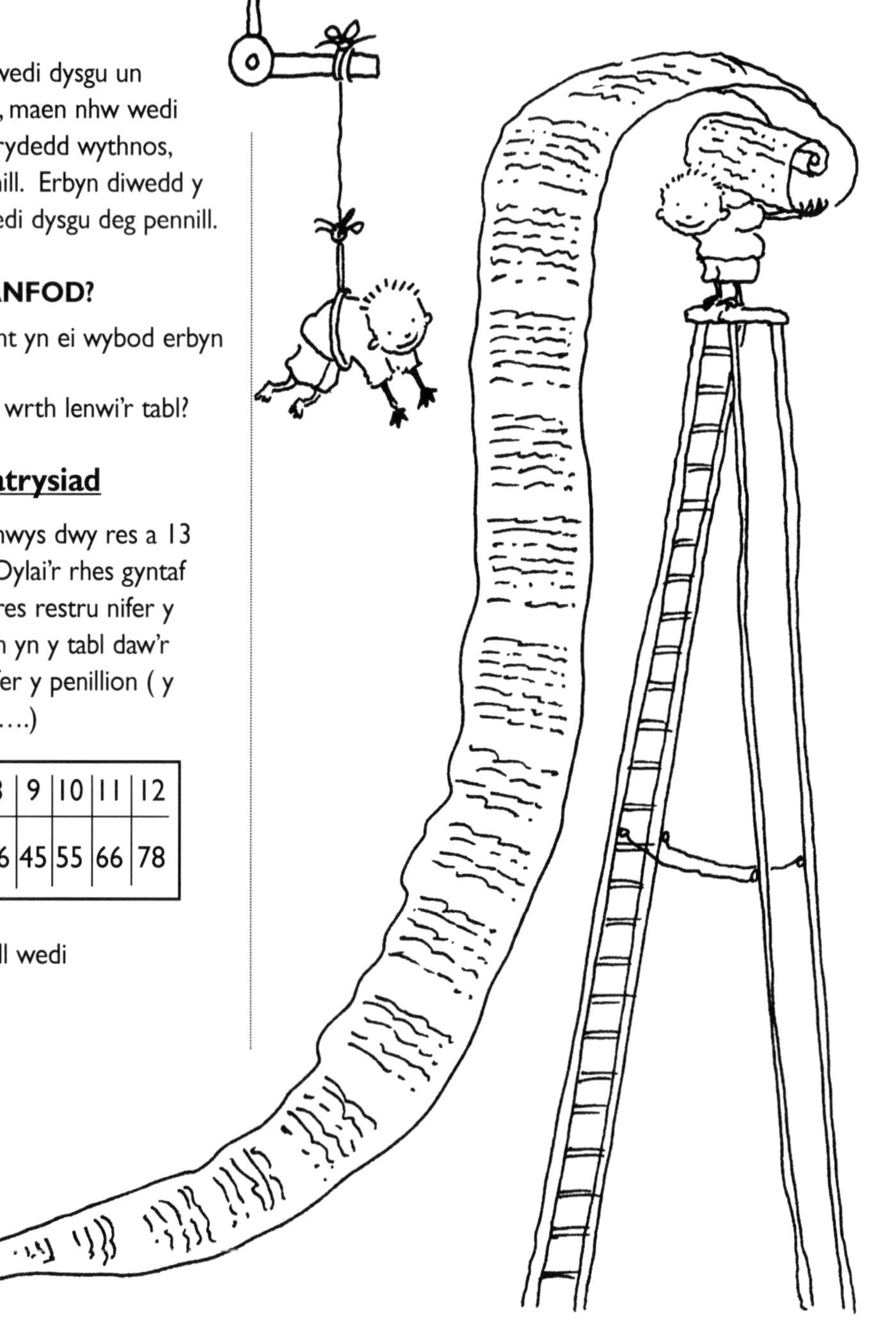

ENGHRAIFFT 2

Rydym am godi arian drwy gynnal cyngerdd yn neuadd yr ysgol. Daw'r aelod cyntaf o'r gynulleidfa i mewn ar ei phen ei hun. Yna daw grŵp o dri ffrind i mewn gyda'i gilydd. Pob tro mae grŵp yn dod i mewn, mae dau yn fwy nag oedd yn y grŵp o'u blaenau. Sawl person fydd yn yr ugeinfed grŵp?

Deall y broblem

BETH YDYM YN EI WYBOD?

Mae'r person cyntaf ar ei phen ei hun.
Yna daw tri pherson i mewn.
Mae pob grŵp sy'n dilyn yn cynnwys dau berson yn fwy na'r grŵp blaenorol.

BETH YDYM AM EI DDARGANFOD?

Cwestiynu: Pa mor fawr yw pob grŵp sy'n dilyn?
Sawl person fydd yn yr ugeinfed grŵp?

Cynllunio a chyfathrebu datrysiad

Mae angen llunio tabl sy'n cynnwys dwy res a 21 o golofnau (neu dwy golofn a 21 o resi). Ysgrifennwch 'grwpiau cynulleidfa' fel teitl y rhes gyntaf a 'niferoedd' fel teitl yr ail. Bydd angen rhestru'r grwpiau cynulleidfa hyd at 20 ac mae'r niferoedd yn cynyddu fesul odrifau, gan ddechrau ag 1.

Ystyried a chyffredinoli

Wrth ddilyn y patrwm mae hi'n rhwydd cyfrifo nifer y bobl sydd yn yr ugeinfed grŵp. Bydd disgyblion hyderus yn hepgor rhan ganol y tabl gan y byddant wedi sylwi ar y patrwm sy'n datblygu.

Gwaith pellach

Gellir amrywio'r broblem drwy amrywio maint y grŵp neu drwy gynnwys rhagor o grwpiau.

Grwpiau cynulleidfa	1	2	3	4	5	6	7	8	9	10	11	12	13	14	15	16	17	18	19	20
Niferoedd	1	3	5	7	9	11	13	15	17	19	21	23	25	27	29	31	33	35	37	39

Bydd 39 person yn yr ugeinfed grŵp.

ENGHRAIFFT 3

Mewn sawl ffordd wahanol gellir newid darn £1 am ddarnau 50c, 20c a 10c?

Deall y broblem

BETH YDYM YN EI WYBOD?

Mae gennym ddarn £1.
Gallwn ei newid am ddarnau 50c, 20c a 10c.

BETH YDYM AM EI DDARGANFOD?

Cwestiynu: Mewn sawl ffordd wahanol allwn ni wneud £1 gan ddefnyddio darnau 50c, 20c a 10c?

Cynllunio a chyfathrebu datrysiad

Dechreuwch drwy ddefnyddio darnau 50c yn unig.
Nodwch yr un cyfuniad posibl yn y tabl.
Yna edrychwch ar y cyfuniadau posibl drwy ddefnyddio un darn 50c a darnau 20c a 10c.
Yna defnyddiwch ddarnau 20c a 10c yn unig.
Yn olaf cyfrifwch sawl darn 10c fydd eu hangen i wneud £1.

Wrth osod yr holl gyfuniadau mewn tabl, gallwn sicrhau na fydd unrhyw gyfuniad ar goll.

50c	20c	10c
2		
1	2	1
1	1	3
1		5
	5	
	4	2
	3	4
	2	6
	1	8
		10

Roedd deg ffordd wahanol o wneud £1 gan ddefnyddio'r darnau 50c, 20c a 10c.

Ystyried a chyffredinoli

Roedd ein ffordd o ddatrys y broblem yn rhesymegol ac yn drefnus a sicrhaodd ein bod yn darganfod pob cyfuniad posibl.

Gwaith pellach

Gofynnwch i'r disgyblion ddefnyddio strategaeth debyg i newid £2 yn ddarnau £1, 50c, 20c a 10c. Sawl cyfuniad sy'n bosibl?

Prif gopi Llunio Tabl

★ Deall y broblem

Rhestrwch y wybodaeth sydd gennych ....

....

....

★ Beth ydych chi am ei ddarganfod?

Cwestiynu: Pa gwestiynau sydd gennych? Beth ydych chi'n ansicr ohono? Oes 'na eiriau anodd neu aneglur yno? Beth sydd angen i chi ei wneud?

....

....

....

★ Cynllunio a chyfathrebu datrysiad

Sawl newidyn sydd gennych? Sawl colofn fydd ei hangen yn y tabl? Beth fyddai yn deitlau addas? A fydd hi'n bosibl defnyddio symbolau neu luniau? A fydd hi'n bosibl gadael bylchau pan fydd y patrwm wedi'i sefydlu?

★ Ystyried a chyffredinoli

Pa mor gywir yw'r ateb? Sut allwn ni gymhwyso'r strategaeth hon at gwestiynau eraill? Oedd 'na ddull mwy effeithiol y gallwn fod wedi ei ddefnyddio? Pa dechnoleg oedd yn ddefnyddiol?

....

....

....

....

....

★ Gwaith pellach

Sut allwn ni ymestyn y broblem hon? Pa ffactorau allwn ni eu hychwanegu fel rhan o gwestiwn 'Beth petai?'

....

....

....

....

....

Problem 19 Rhifau 123 Lefel A

Mae Sam a Mari'n ymweld â'r ganolfan hamdden bob wythnos. Mae Sam yn ymweld pob tri diwrnod ac mae Mari'n mynd pob pedwar diwrnod. Os yw'r ddau'n mynd yno ar ddydd Llun, ar ba ddiwrnod fydd y ddau yno gyda'i gilydd nesaf?

Problem 20 Rhifau 123 Lefel A

Roedd 18 person yn eistedd mewn reid yn y ffair. Roedd un sedd yn wag am bob dwy oedd yn llawn. Sawl sedd wag oedd yno?

Problem 21 Rhifau 123 Lefel A

Mae Anna wedi cael gwaith dros y gwyliau yn casglu afalau. Mae ei chyflogwr yn talu ceiniog am y goeden gyntaf, dwy geiniog am yr ail goeden, pedair ceiniog am y drydedd goeden ac wyth ceiniog am y bedwaredd. Sawl ceiniog fydd hi'n ei derbyn am yr wythfed coeden a beth fydd cyfanswm ei harian ar ôl wyth coeden?

CARDIAU TASG DATRYS PROBLEMAU - Llunio Tabl

Problem 22 Rhifau 123 Lefel B

Mae gan ffermwr dri chwt ieir gwahanol. Ieir brown sydd yn y cwt cyntaf, ieir du yn yr ail ac ieir gwyn yn y trydydd cwt. Pob dydd mae'r ieir brown yn dodwy pum wy, yr ieir du yn dodwy wyth wy a'r ieir gwyn yn dodwy tri wy. Am sawl diwrnod bydd y rhaid aros i gael 80 wy?

Problem 23 Rhifau 123 Lefel B

Mae 18 anifail ar y fferm. Ieir yw rhai ohonynt a defaid yw'r gweddill. Mae cyfanswm o hanner cant o goesau gan yr anifeiliaid. Sawl iâr sydd yno? Sawl dafad?

Problem 24 Rhifau 123 Lefel B

Roedd gan Sali dair coeden eirin a thair coeden afalau yn ei gardd. Wrth gasglu'r ffrwythau aeddfed, roedd ganddi dair eirinen am bob wyth afal gafodd ei gasglu. Wedi casglu'r ffrwythau i gyd, roedd ganddi 64 afal. Faint oedd cyfanswm yr holl ffrwythau oedd ganddi?

Problem 25

Rhifau 123

Lefel B

Llyncodd ci gwyllt gyfanswm o 105 cneuen mewn pump diwrnod. Pob diwrnod, llwyddodd i lyncu wyth cneuen yn fwy na'r diwrnod blaenorol. Sawl cneuen a lyncodd y ci bob dydd?

Problem 26

Mesurau

Lefel B

Pob tro y bydd pêl yn bownsio, mae'n codi i hanner yr uchder y mae wedi syrthio drwyddo. Os yw Jac yn gadael y bêl i syrthio o ben adeilad a bod y bêl yn codi i uchder o 24m ar y bowns cyntaf, beth fydd uchder y pumed bowns?

Problem 27

Rhifau 123

Lefel B

Mae Nerys yn coginio 100 o fisgedi ar gyfer ffair haf yr ysgol. Er mwyn cael peth hwyl wrth addurno ei bisgedi, mae Nerys yn penderfynu amrywio'r addurn. Mae'n rhoi siocled ar ben pob trydedd bisged, eisin ar bob pedwaredd bisged a cheiriosen ar ben pob pumed bisged. Wedi iddi addurno'r cyfan, sawl bisged fydd â'r tri addurn arnynt?

Problem 28 Rhifau 123

Lefel C

Mewn siop anifeiliaid anwes, gwelwyd mai ond pump pysgodyn aur gwrywaidd oedd yn cael eu geni am bob saith pysgodyn aur benywaidd. Os cafodd 156 pysgodyn eu geni mewn blwyddyn, sawl un benywaidd oedd yno?

Problem 29 Rhifau 123

Lefel C

Ar blaned bell, mae chwech o bob ugain o'r trigolion yn anifeiliaid, mae naw o bob ugain yn fodau dynol ac mae'r gweddill yn robotiaid. Os oes 108 o fodau dynol ar y blaned, sawl robot sydd yno?

Problem 30 Rhifau 123

Lefel C

Roedd siop feiciau'n gwerthu beiciau dwy olwyn a beiciau thair olwyn. Roedd 25 olwyn yn y siop. Sawl beic o'r ddau fath oedd yno?

Problem 31

Rhifau 123

Lefel C

Mae Sahid yn byw y drws nesaf i gwrs golff. Pob dydd, wedi ysgol, mae'n casglu'r peli sydd wedi mynd ar goll. Ar y diwrnod cyntaf, dim ond un bêl a gasglodd ac eto yr un peth ar yr ail ddiwrnod. Erbyn y trydydd diwrnod, fe gasglodd ddwy bêl a thair pêl ar y pedwerydd diwrnod. Ar y pumed diwrnod, casglodd bump pêl ac wyth ar y chweched diwrnod. Ar y seithfed diwrnod casglodd 13. Sawl pêl gasglodd drannoeth? Beth yw cyfanswm y peli sydd ganddo erbyn hyn?

Problem 32

Rhifau 123

Lefel C

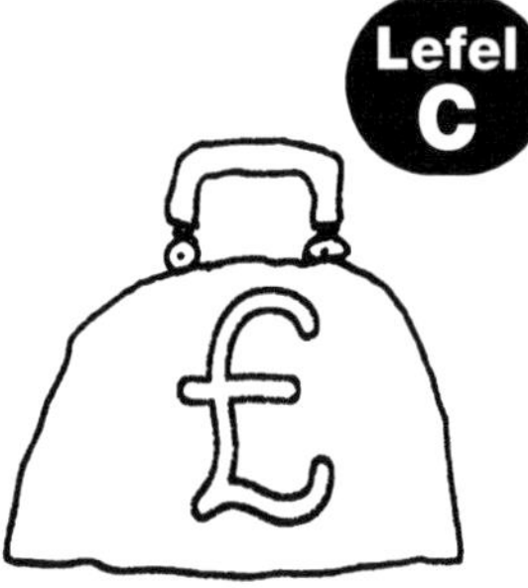

Gofynnwyd i chi gladdu bagiau arian ar ynys. Rhannwyd yr arian i naw sach sy'n cynnwys y cyfansymiau canlynol: £21, £20, £19, £12, £11, £10, £3, £2, £1.

Mae'n rhaid i'r sachau gael eu claddu mewn grid 3 x 3 fel bod £33 ymhob rhes ac ym mhob colofn, yn llorweddol, fertigol ac yn groeslinol.

Problem 33

Rhifau 123

Lefel C

Mae Jên yn rhwyfo ei chwch ar hyd yr arfordir. Mae'n rhwyfo llai bob dydd gan ei bod yn dechrau blino. Ar y diwrnod cyntaf mae hi'n rhwyfo 38 cilometr, 35 cilometr ar yr ail ddiwrnod, 32 cilometr ar y trydydd a 29 cilomedr ar y pedwerydd diwrnod. Sawl diwrnod fydd angen arni i rwyfo pellter o 203 cilometr?

Atebion i'r Cardiau Tasg Llunio Tabl

Problem 19

Yr ail Sadwrn fydd y diwrnod nesaf pan fydd y ddau'n cyfarfod yn y ganolfan hamdden.

Dydd	Su	Ll	Ma	Me	I	G	Sa
Sam wythnos 1		S			S		
Mari wythnos 1		M				M	
Sam wythnos 2	S			S			S
Mari wythnos 2			M				M

Problem 20

Mae naw sedd wag.

Seddi llawn	2	4	6	8	10	12	14	16	18
Seddi gwag	1	2	3	4	5	6	7	8	9

Problem 21

Bydd Anna'n derbyn 128 ceiniog am yr wythfed goeden a bydd yn derbyn cyfanswm o 255 ceiniog.

Coeden afal	Ceiniogau	Cyfanswm mewn ceiniogau
1	1	1
2	2	2 (+1) = 3
3	4	4 (+ 3) = 7
4	8	8 (+ 7) = 15
5	16	16 (+15) = 31
6	32	32 (+ 31) = 63
7	64	64 (+ 63) = 127
8	128	128 (+ 127) = 255

Problem 22

Bydd angen aros am bum niwrnod cyn bo'r ieir yn dodwy 80 wy.

Diwrnod	Brown	Du	Gwyn	Cyfanswm
1	5	8	3	16
2	10	16	6	32
3	15	24	9	48
4	20	32	12	64
5	25	40	15	80

Problem 23

Mae unarddeg iâr a saith dafad ar y fferm.

Ieir	1	2	3	4	(+ 1 bob tro)	11
Defaid	17	16	15	14	(– 1 bob tro)	7
Coesau	70	68	66	64	(– 2 bob tro)	50

Problem 24

Casglodd Sali gyfanswm o 88 ffrwyth.

Afalau	Eirin	Cyfanswm
8	3	11
16	6	22
24	9	33
32	12	44
40	15	55
48	18	66
56	21	77
64	24	88

Problem 25

Diwrnod	Nifer y cnau bob dydd	Cyfanswm
1	5	5
2	13	18
3	21	39
4	29	68
5	37	105

Atebion i'r Cardiau Tasg Llunio Tabl

Problem 26

Bydd y bêl yn bownsio $1\frac{1}{2}$ metr ar y pumed tro.

Bowns 1	24 metr
Bowns 2	12 metr
Bowns 3	6 metr
Bowns 4	3 metr
Bowns 5	$1\frac{1}{2}$ metr

Problem 27

Dim ond un fisged fydd â'r tri addurn, sef bisged rhif 60.

		S	E	C	S		E	S	C
	SE			SC	E		S		EC
S			SE	C		S	E		SC
	E	S		C	SE			S	EC
	S		E	SC			SE		C
S	E		S	C	E	S			SEC
		S	E	C	S		E	S	C
	SE			SC	E		S		EC
S			SE	C		S	E		SC
	E	S		C	SE			S	EC

Problem 28

Roedd 91 pysgodyn aur benywaidd ym mysg y 156 gafodd eu geni yn y siop.

Benywaidd	Gwrywaidd	Cyfanswm
7	5	12
14	10	24
21	15	36
28	20	48
35	25	60
42	30	72
49	35	84
56	40	96
63	45	108
70	50	120
77	55	132
84	60	144
91	65	156

Problem 29

Mae yno 60 robot.

Cyfanswm y trigolion	20	80	160	240
Anifeiliaid	6	24	48	72
Bodau dynol	9	36	72	108
Robotiaid	5	20	40	60

Problem 30

Mae 11 beic dwy olwyn ac un beic tair olwyn yn y siop.

Beic 2 olwyn	1	2	3	(+ 1 bob tro)	11
Beic 3 olwyn	11	10	9	(– 1 bob tro)	1
Nifer olwynion	35	34	33	(– 1 bob tro)	25

Problem 31

Casglodd Sahid 21 pêl golff ar yr wythfed niwrnod.
Casglodd gyfanswm o 54 pêl.

Diwrnod	1	2	3	4	5	6	7	8
Peli a gasglwyd	1	1	2	3	5	8	13	21
Cyfanswm		1+0	1+1	2+1	3+2	5+3	8+5	13+8

Problem 32

£12	£19	£2
£1	£11	£21
£20	£3	£10

Problem 33

Bydd yn rhaid i Jên rwyfo am saith niwrnod.

Diwrnod	Cilometrau	Cyfanswm
1	38	38
2	35	73
3	32	105
4	29	134
5	26	160
6	23	183
7	20	203

Chwarae Rôl
neu
Ddefnyddio Offer

Weithiau, mae disgyblion yn ei chael hi'n anodd cael dealltwriaeth ddiriaethol o broblem haniaethol. Er mwyn rhoi cymorth i ddisgyblion sy'n cael trafferth i 'weld' y broblem, neu'r dull o weithio sydd ei angen i ddatrys y broblem, mae hi'n aml yn ddefnyddiol cael gwrthrychau neu ddarnau o offer i gynrychioli yr hyn sydd yn y cwestiwn. Gellir defnyddio cownteri, blociau neu bensiliau i gynrychioli pobl neu leoedd. Gellir symud y gwrthrychau drwy gamau'r broblem. Mae'n bwysig cofnodi'r symudiadau hyn er mwyn cadw trefn ar y gwaith.

Gall actio'r rhannau amrywiol o fewn y broblem fod yn ddefnyddiol hefyd.

Dylid atgyfnerthu'r sgiliau a'r dealltwriaeth pwrpasol cyn i'r disgyblion ddechrau defnyddio'r strategaeth hon.

SYMUD O UN LLE I'R LLALL

Os bydd y cymeriadau neu'r gwrthrychau o fewn y broblem yn symud yn ormodol, gall fod yn ddryslyd ac yn anodd i'w ddatrys. Wrth i'r disgyblion actio'r broblem, neu ddefnyddio gwrthrychau i gynrychioli'r broblem, gellir cofnodi'r symudiadau.
Er enghraifft: Roedd glanhawr ffenestri yn glanhau ffenestri swyddfeydd mewn adeilad uchel ac yn sefyll ar ffon ganol yr ysgol. Dringodd i fyny dair ffon i lanhau rhagor o ffenestri ac yna gwelodd ei fod wedi anghofio glanhau un ffenestr islaw. Aeth i lawr saith ffon i'w glanhau ac yna dringodd i fyny'r deg ffon oedd ar ôl. Roedd ar frig yr ysgol erbyn hyn. Sawl ffon oedd gan yr ysgol?

Gofynnwch i'r disgyblion chwarae rôl ac actio'r sefyllfa. Tynnwch lun ysgol â sialc ar y llawr, gan wneud yn siŵr bod pob ffon yn union yr un pellter oddi wrth ei gilydd. Nodwch i ba gyfeiriad y mae dringo'r ysgol â saeth, a nodwch ganol yr ysgol. Dewisiwch ddisgybl i gynrychioli'r glanhawr ffenestri. Dylai'r disgybl ddechrau ar ganol yr ysgol. Yna dylai gerdded ymlaen dair ffon tuag at frig yr ysgol. Y cam nesaf yw gofyn i'r disgybl droi a

cherdded 'i lawr' saith ffon. Yna, mae angen i'r disgybl gerdded 'i fyny' deg ffon at fan uchaf yr ysgol a'i farcio. Gofynnwch i'r disgyblion rifo sawl ffon sydd o'r man uchaf yn ôl at ganol yr ysgol. Wrth rifo'r un faint o ffyn o dan y pwynt canol, gall y disgyblion gyfrifo bod 13 ffon gan yr ysgol.

Gellir defnyddio dull tebyg gyda'r cwestiwn canlynol: Mae pryf copyn (yn dringo wal 10 metr o uchder. Mae'n llwyddo i ddringo 3 metr bob awr ac yna mae'n gorffwys am awr. Yn ystod ei gyfnod gorffwys mae'n llithro i lawr 1 metr. Faint o amser sydd ei angen ar y pryf copyn i gyrraedd brig y wal?

Tynnwch linell ddeg metr ar y llawr a defnyddiwch ddisgybl, neu wrthrych, i ddangos symudiadau'r pryf copyn. Gofynnwch i rai o'r disgyblion eraill rifo awr am bob 3 metr mae'r pryf copyn yn symud ymlaen ac yna awr am bob metr mae'n llithro nôl wrth orffwys.

SYMIAU ARIAN

Yn aml iawn, bydd swm o arian neu nwyddau'n cael eu cyfnewid rhwng unigolion mewn problem. Gall y canlyniad fod yn ddryslyd iawn os na ellir delweddu'r broblem neu actio'r sefyllfa. Gall dulliau fel chwarae rôl neu ddefnyddio gwrthrychau fod yn werthfawr mewn problemau cymhleth lle na all y disgyblion gofnodi nag esbonio'r gweithrediadau yn gywir.

Er enghraifft: Cafodd Luned, Rhys a Siôn gyfanswm o £160 gan eu nain a'u taid fel anrhegion pen-blwydd. Roedd yn rhaid i'w rhieni rannu'r arian fel bod Luned yn cael £20 yn fwy na Rhys a £30 yn fwy na Siôn. Faint o arian gafodd bob plentyn?

Gofynnwch i'r disgyblion gynrychioli'r tri phlentyn yn y cwestiwn a defnyddiwch arian chwarae i'ch helpu.

Dechreuwch drwy roi tua thraean y cyfanswm i Rhys.

Rhowch £40 i Rhys.

Dylai Luned gael £20 yn fwy, £40 + £20 = £60

Dylai Siôn gael £30 yn llai na Luned,
£60 – £30 = £30.

Y cyfanswm = £40 + £60 + £30 = £130.
Mae'r cyfanswm hwn yn rhy isel.

Dechreuwch drwy roi rhagor o arian i Rhys.

Rhowch £50 i Rhys.

Dylai Luned gael £50 + £20 = £70

Dylai Siôn gael £70 – £30 = £40

Y cyfanswm = £50 + £70 + £40 = £160.
Mae'r ateb hwn yn gywir.

MEINTIAU PENODOL

Weithiau bydd angen i'r disgyblion fesur meintiau penodol ond ni fydd ganddynt y cynwysyddion sy'n mesur y maint sydd ei angen. Rhaid i'r disgyblion feddwl am ffordd o fesur yr hyn sydd ei angen yn gywir gan ddefnyddio'r cynwysyddion sydd ganddynt. Bydd actio'r sefyllfa'n fodd o sicrhau eglurder er mwyn datrys y broblem.

Er enghraifft: Mae angen arllwys 3 litr o ddŵr i mewn i jwg. Mae jygiau gen i sy'n dal 2 litr a 5 litr. Beth alla i ei wneud?

Gallaf lenwi'r jwg 5 litr â dŵr ac yna arllwys 2 litr i mewn i'r jwg 2 litr. Yna mae 3 litr ar ôl. Dyma'r maint cywir o ddŵr sydd ei angen.

DEFNYDDIO OFFER

Pan fo problem yn cynnwys rhifau mawr (o wrthrychau neu bobl), nid yw bob amser yn ymarferol i chwarae rôl. Bydd defnyddio offer, fel cownteri neu flociau, yn rhoi cymorth i'r disgyblion ddatrys y broblem.

Er enghraifft: Mae Lewis yn y ffreutur. Mae 50 o bobl yn aros o'i flaen ond mae Lewis yn ddiamynedd. Bob tro caiff rhywun ei fwydo, mae Lewis yn symud heibio dau berson. Sawl un fydd wedi derbyn ei fwyd cyn i Lewis gyrraedd blaen y rhes?

Bydd yn ddefnyddiol i'r disgyblion gael gweld y symudiadau drwy iddynt symud cownteri neu flociau i'w lleoedd newydd.

ENGHRAIFFT 1

Mae dau oedolyn a dau blentyn ar ynys fechan yng nghanol afon ddofn. Mae'n rhaid iddynt groesi'r afon er mwyn cyrraedd lle diogel. Dim ond un canŵ sydd ganddynt a gall hwnnw gario ond un oedolyn neu ddau blentyn ar y tro. Sut all pawb gyrraedd yr ochr draw yn saff?

Deall y broblem

BETH YDYM YN EI WYBOD?

Un canŵ sydd ganddynt.
Gall y canŵ ddal un oedolyn neu ddau blentyn ar y tro.
Mae yna ddau oedolyn a dau blentyn ar yr ynys.

BETH YDYM AM EI DDARGANFOD?

Cwestiynu: Sut all y pedwar ohonynt adael yr ynys yn ddiogel? Sawl taith fydd angen ei gwneud yn y canŵ?

Cynllunio a chyfathrebu datrysiad

YR HYN WNAETHOM NI

Dylai'r disgyblion labelu un bloc ar gyfer pob un sydd ar yr ynys: O ar gyfer oedolyn a P ar gyfer plentyn. Dylid dangos i'r disgyblion sut i gofnodi pob cam er mwyn osgoi ailadrodd.

Mae angen i'r disgyblion greu tair ardal: un ar gyfer yr ynys, un ar gyfer croesi'r afon a'r llall ar gyfer y man diogel ochr draw i'r afon.

Ar yr ynys		Yn croesi'r dŵr		Yn y man diogel
OOPP ar yr ynys				
OO yn aros	→	PP	→	PP
OOP	←	P	←	P
OP	→	O	→	OP
OPP	←	P	←	O
O	→	PP	→	OPP
OP	←	P	←	OP
P	→	O	→	OOP
PP	←	P	←	OO
	→	PP	→	OOPP

Ystyried a chyffredinoli

Roedd defnyddio blociau i gynrychioli'r teulu wedi bod o gymorth wrth i fynd drwy'r camau a sicrhau ateb cywir.

Gwaith pellach

Beth petai pump o bobl (tri phlentyn a dau oedolyn) ar yr ynys? Beth petai lle i oedolyn ac un plentyn yn y canŵ yr un pryd? Sut fyddai hyn yn effeithio ar gyflymdra symud pawb o'r ynys i'r man diogel?

ENGHRAIFFT 2

Yn y cwestiwn hwn, gellir defnyddio cownteri, blociau neu ddisgyblion i gynrychioli'r cymeriadau.

Roedd Tomos y gath yn cysgu ar ris ganol y grisiau. Daeth Dylan y ci ato ac eisteddodd dair gris uwchben Tomos. Roedd dwy ris rhwng Dylan a phen ucha'r grisiau. Sawl gris oedd yno?

Deall y broblem

BETHYDYMYN EIWYBOD?

Roedd Tomos yn gorwedd ar y ris ganol.
Eisteddodd Dylan dair gris yn uwch.
Roedd dwy ris rhwng Dylan a phen y grisiau.

BETHYDYM AM EI DDARGANFOD?

Cwestiynu: Beth oedd cyfanswm nifer y grisiau? Sawl gris oedd yn is na gris Tomos?

Cynllunio a chyfathrebu datrysiad

YR HYNWNAETHOM NI

Tynnwch lun grisiau neu adeiladwch un o flociau. Defnyddiwch gownter i gynrychioli lleoliad Tomos ar ganol y grisiau.

Gosodwch gownter i gynrychioli Dylan sydd dair gris uwchben Tomos. Gadewch ddwy ris yn wag; yna'r drydedd ris fydd yr uchaf. Gyda'r disgyblion, rhifwch sawl gris sydd uwchlaw Tomos ac yna rhifwch yr un nifer oddi tano. Mae chwech oddi tano a chwech uwch ei ben, felly cyfanswm y grisiau gan gynnwys y ris ganol yw 13.

Gall y disgyblion actio'r broblem hon ar risiau'r ysgol.

Ystyried a chyffredinoli

Mae'r broblem gymaint yn haws i'w datrys wrth ddefnyddio grisiau neu llun. Yna yr unig beth sydd angen ei wneud yw rhifo'r grisiau uwchlaw Tomos a gwneud yr un peth oddi tano gan gofio am y gris lle mae Tomos ei hun yn eistedd. Mae'r ateb yn bendant ac yn gywir.

Gwaith pellach

Gall y cwestiwn gael ei ymestyn drwy ychwanegu anifeiliaid eraill neu wrth symud yr anifeiliaid i risiau eraill. Beth petai Siân, chwaer Tomos, yn dod ag eistedd dair gris uwchben Dylan ac yna'n symud i'r ail ris o'r gwaelod? Sawl gris o dan Tomos fyddai hi erbyn hyn? Sawl gris sydd rhwng ei lle gwreiddiol a'i safle newydd?

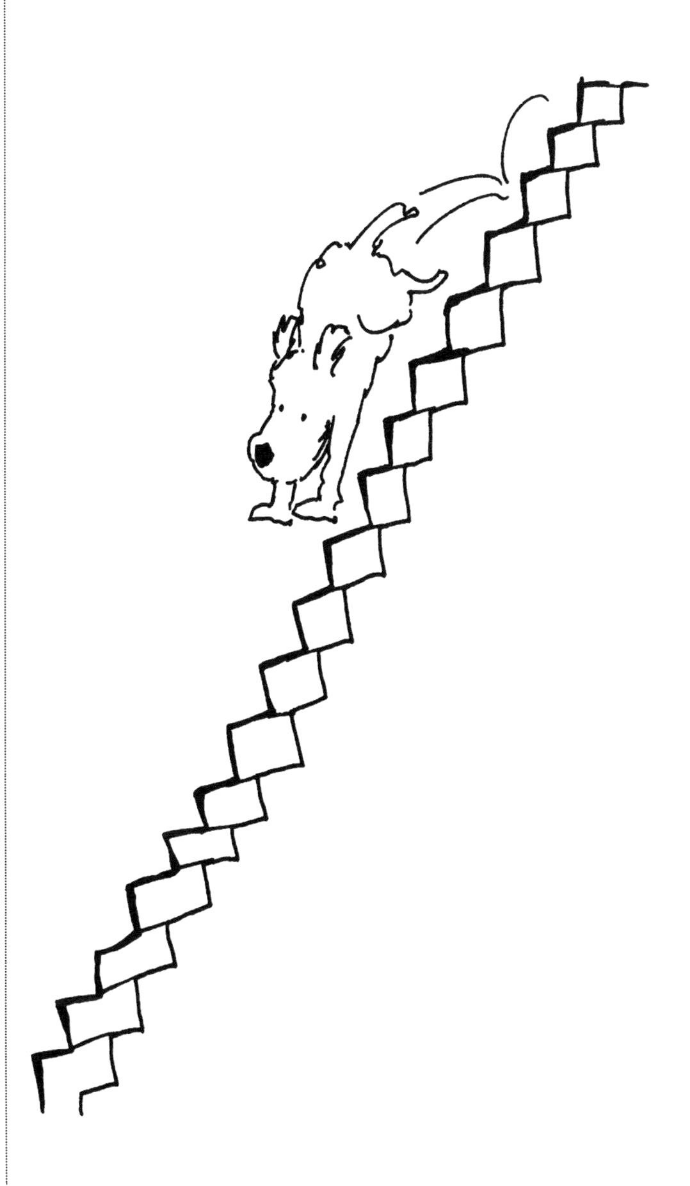

ENGHRAIFFT 3

Roedd 32 o blant mewn dosbarth. Roedd y plant yn sefyll mewn cylch ac yn rhifo gan ddechrau ar un a phob un ohonynt yn dweud un rhif. Wrth rifo, roedd pawb oedd yn dweud eilrif yn eistedd. Wedi i bawb gael tro, aeth y plant oedd ar eu traed ymlaen i rifo, gan ddechrau'r tro hwn ar 33. Unwaith eto, eisteddodd y plant a ddywedodd eilrif. Wedi gorffen yr ail gylch o rifo, faint o blant oedd yn parhau ar eu traed? (Gellir gwneud gweithgaredd fel hwn gydag unrhyw nifer o blant cyhyd ag y bo'r nifer yn eilrif).

Deall y broblem

BETH YDYM YN EI WYBOD?

Mae 32 o blant yn sefyll mewn cylch.
Mae pob un yn dweud un rhif.
Mae pob plentyn sy'n dweud eilrif yn eistedd.
Mae'r rhifo'n parhau am ddau gylch.

BETH YDYM AM EI DDARGANFOD?

Cwestiynu: Sawl plentyn fydd ar ei draed wedi dau gylch o rifo?

Cynllunio a chyfathrebu datrysiad

Mae angen i'r disgyblion feddwl am ffordd o weld aelodau'r dosbarth. Gallant ofyn i'w dosbarth hwy gymryd rhan yn y gweithgaredd hwn. Os byddant yn gweithio ar eu pennau eu hunain neu mewn parau, gallant ddefnyddio marciau rhifo ar bapur neu ddefnyddio 32 o flociau i gynrychioli'r dosbarth.

Wrth i'r plant alw'r rhifau, gallant eistedd, dynnu croes drwy'r eilrifau neu symud y blociau eilrif o'r ffordd. Dylid parhau i wneud hyn tan fod dau gylch o rifo wedi'u cwblhau. Yna dylid rhifo faint o blant sydd ar eu traed o hyd. Wyth plentyn fydd yn sefyll. Wedi dau gylch o rifo, mae gennym hanner o un hanner, sef chwarter nifer gwreiddiol y plant ar eu traed.

Ystyried a chyffredinoli

Mae'n anodd gweld y broblem hon gan bod cymaint o ffactorau sy'n newid. Mae'n haws datrys y broblem os bydd y disgyblion yn tynnu llun neu'n cymryd rhan ymarferol yn y gwaith.

Gwaith pellach

Gellir defnyddio'r strategaeth hon i atgyfnerthu gwaith tablau, rhifau sgwâr neu rifau i bwerau gwahanol.

Prif gopi

Chwarae Rôl neu
Ddefnyddio Offer

★ Deall y broblem

Rhestrwch y wybodaeth sydd gennych ....

....

★ Beth ydych chi am ei ddarganfod?

Cwestiynu: Pa gwestiynau sydd gennych? Beth ydych chi'n ansicr ohono? Oes 'na eiriau anodd neu aneglur yno? Beth sydd angen i chi ei wneud?

....

....

....

★ Cynllunio a chyfathrebu datrysiad

Pa ddatrysiad wnewch chi roi cynnig arno'n gyntaf? Ydych chi'n symud o un lleoliad i'r llall? Ydych chi'n cyfnewid arian? Ydych chi'n ceisio gweithio heb y cynwysyddion pwrpasol? Fyddwch chi'n defnyddio marciau rhifo neu wrthrychau i gynrychioli pethau, neu a fydd pobl yn actio'r sefyllfa i chi? Eglurwch eich dull o weithio gan ddefnyddio iaith fathemategol.

★ Ystyried a chyffredinoli

Pa mor fanwl gywir yw eich ateb? Sut allwn ni gymhwyso'r strategaeth hon at sefyllfaoedd eraill? A allwn fod wedi defnyddio dull gwell? Pa dechnoleg oedd yn ddefnyddiol? ....

....

....

★ Gwaith pellach

Sut allwn ni ymestyn y broblem hon? Pa ffactorau allwn ni eu hychwanegu fel rhan o gwestiwn 'Beth petai'?

....

....

....

Problem 34 Siâp a Gofod

Lefel A

Mae pum bloc wedi'u labelu A, B, C, Ch a D. Mae bloc A i'r dde o floc B. Mae bloc C i'r dde o floc Ch. Mae bloc B rhwng blociau D a Ch. Mae bloc D i'r chwith o B. Ym mhle mae bloc Ch?

Problem 35 Siâp a Gofod

Lefel A

Rhowch 14 bloc mewn tri phentwr. Mae eisiau un yn llai yn y pentwr cyntaf nag sydd yn y trydydd pentwr. Dylai'r trydydd pentwr gynnwys dwywaith cymaint â'r ail. Sawl bloc sydd ymhob pentwr?

Problem 36 Mesurau

Lefel A

Aeth pedwar plentyn i fesur eu taldra. Roedd Iestyn yn dalach na Cai ond yn fyrrach na Tali. Roedd Prys yn dalach na Tali. Ysgrifennwch eu henwau yn ôl trefn eu taldra, o'r byrraf i'r talaf.

Problem 37 Mesurau

Lefel A

Mae gan Twm botel litr o lemonêd. Mae'n arllwys hanner y lemonêd i jwg ac yna'n rhoi'r botel i Gwawr. Mae Gwawr yn arllwys hanner yr hyn sydd ar ôl i ddau wydr mawr. Yna mae Gwawr yn rhoi'r botel i Rhodri ac mae Rhodri'n arllwys hanner o'r hyn sydd ar ôl yn y botel erbyn hyn i gwpan blastig. Faint o lemonêd sydd ar ôl yn y botel? Pa ffracsiwn o litr yw hyn?

Problem 38 Rhifau 123

Lefel A

Mae deuddeg person mewn parti pen-blwydd ac mae pawb yn ysgwyd llaw â'i gilydd. Sawl tro y bu ysgwyd llaw?

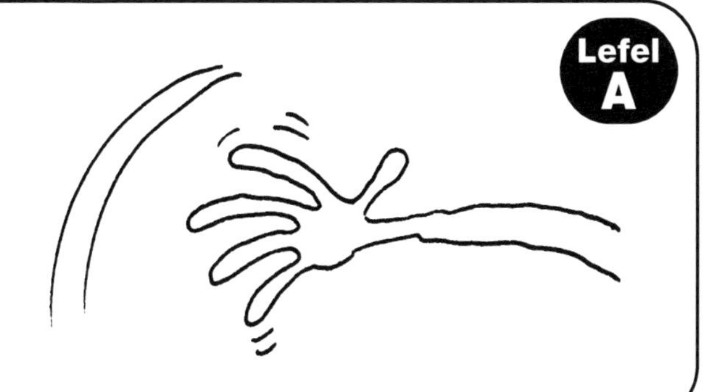

Problem 39 Rhifau 123

Lefel A

Roedd dau ddeg naw o blant yn aros mewn rhes i chwarae gêm. Dewisiodd yr athrawes y person cyntaf yn y rhes ac yna pob pedwerydd plentyn. Sawl plentyn ddewisiwyd ganddi?

Problem 40

Siâp a Gofod

Lefel B

Mae gan Mrs Patel bedwar sgwâr o gardbord melyn. Gofynnodd i'r dosbarth roi'r darnau at ei gilydd fel bod pob sgwâr ag un ymyl o leiaf yn cyffwrdd ymyl sgwâr arall. Sawl ffordd wahanol sydd o wneud hyn?

Problem 41

Siâp a Gofod

Lefel B

Mae pump o blant yn eistedd mewn rhes ar hyd un ochr ystafell. Mae Cadi'n eistedd wrth ochr Dafydd ond nid yw wrth ochr Bryn. Mae Esyllt yn eistedd yn yr ail sedd o'r chwith. Mae Dafydd yn eistedd rhwng (ond nid o anghenraid wrth ochr) Arwel a Bryn. Mae Esyllt yn eistedd wrth ochr Arwel. Pwy sy'n eistedd yn y canol?

Problem 42

Mesurau

Lefel B

Mae dau gynhwysydd wrth y tap dŵr, un yn dal 3 litr a'r llall yn dal 5 litr. Mae gofyn i'r plant arllwys saith litr o ddŵr i mewn i dwb mawr. Sut allan nhw fesur saith litr?

Problem 43

Rhifau 123

Lefel B

Marblen

Yn ei dosbarth, roedd gan Mrs Williams nifer o farblis a dau focs wedi'u labelu A a B. Pob tro roedd un o'r plant yn gwneud rhywbeth i'w helpu, byddai'n symud un farblen o focs B a'i rhoi ym mocs A.
Os byddai plentyn yn camfihafio, byddai Mrs Williams yn symud marblen o focs A a'i rhoi yn ôl ym mocs B. Roedd mwy o farblis ym mocs A nag oedd ym mocs B. Cymerodd Mrs Williams dair marblen o focs A a'u rhoi ym mocs B. Yna cymerodd ddwy farblen o focs B a'u rhoi ym mocs A. Wedi iddi wneud hyn, roedd wyth marblen ymhob bocs. Sawl marblen oedd yn y bocsys ar y dechrau?

Problem 44

Rhifau 123

Dychmygwch i chi brynu gêm am £15, yna'i gwerthu am £20 gan nad oeddech ei heisiau bellach. Ymhen amser, fe brynsoch y gêm yn ôl am £25 gan fod eich chwaer ei heisiau. Cafodd pawb ddigon ar y gêm wedi peth amser felly fe'i gwerthwyd am £30. Faint o elw neu golled wnaethoch chi?

Problem 45

Siâp a Gofod

Mae tri phlentyn yn cerdded i lawr 15 gris ar risiau diogelwch. Mae Lisa'n cerdded i lawr un ris ar y tro. Rhoddodd ei throed chwith ar y ris gyntaf. Mae Meleri ar frys ac mae'n disgyn dwy ris ar y tro gan ddechrau gyda'i throed dde ar yr ail ris. Mae Joel yn disgyn tair gris ar y tro, gan gychwyn ar y drydedd ris â'i droed chwith.

Pa ris fydd y cyntaf i bob un o'r tri osod eu troed arni?
A fydd y tri'n rhoi eu troed chwith ar yr un ris?

Problem 46 Siâp a Gofod

Lefel C

Roedd teulu cyfan wedi bod yn gwersylla ar ynys fechan ac yn awr roeddynt am ddychwelyd i'r tir mawr. Roedd pedwar oedolyn a dau blentyn yn y teulu a'r unig gwch oedd ganddynt oedd cwch rhwyfo bychan. Roedd y cwch yn medru cario dau blentyn neu un oedolyn. Sawl taith oedd yn rhaid i'r cwch ei wneud cyn cael pawb yn ôl yn ddiogel i'r tir mawr?

Problem 47 Mesurau

Lefel C

Mae Mrs Prys eisiau casglu 4 litr o ddŵr o'r ffynnon ar gyfer ei theulu. Mae ganddi ddwy botel, un yn cario 5 litr a'r llall yn cario 7 litr. Sut all Mrs Prys fesur 4 litr union o ddŵr?

Problem 48 Rhifau 123

Lefel C

Mewn theatr mae pob rhes yn cynnwys yr un nifer o seddau. Mae sedd Mrs Abram dair rhes o'r tu blaen ac mae hi yn y ddeunawfed rhes o'r cefn. Mae gan Mrs Rhys wyth sedd i'r chwith ohoni ac unarddeg sedd i'r dde. Sawl sedd sydd yn y theatr?

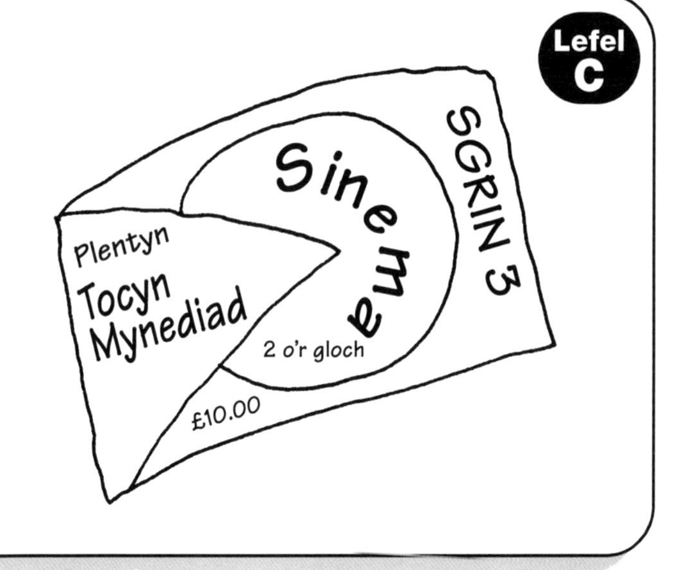

Atebion i'r Cardiau Tasg

Chwarae Rôl neu Ddefnyddio Offer

Problem 34

Bloc Ch yw'r ail o'r dde.

Problem 35

Mae 5 bloc yn y pentwr cyntaf, 3 bloc yn yr ail bentwr a 6 bloc yn y trydydd.

Problem 36

Trefn taldra'r plant yw Cai, Iestyn, Tali, Prys

Problem 37

Mae 125 ml ar ôl yn y botel lemonêd.
Mae hyn yn $\frac{1}{8}$ o litr.

Problem 38

Roedd yna ysgwyd llaw 66 gwaith yn ystod y parti.

Fe wnaeth y person cyntaf ysgwyd llaw ag unarddeg person, roedd yr ail wedi ysgwyd llaw â deg person (gan ei fod eisoes wedi ysgwyd llaw â'r person cyntaf). Fe wnaeth y trydydd person ysgwyd llaw â naw person.

Felly:
$11 + 10 + 9 + 8 + 7 + 6 + 5 + 4 + 3 + 2 + 1 = 66$

Problem 39

Dewisiwyd wyth plentyn i chwarae'r gêm.

Problem 40

Gellir cyfuno'r pedwar sgwâr melyn mewn pum ffordd wahanol.

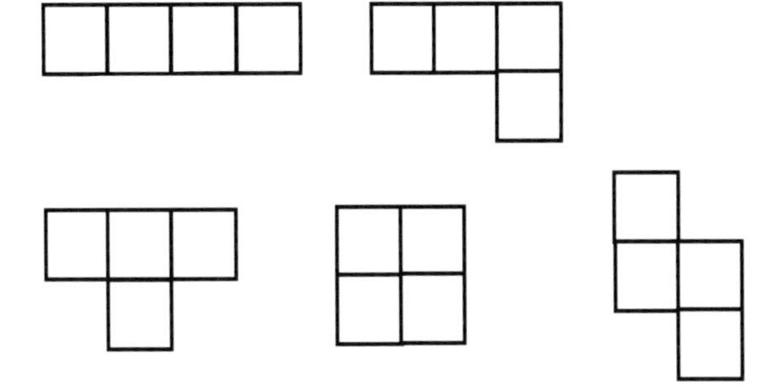

Problem 41

Cadi sy'n eistedd yn y canol.

Arwel, Esyllt, Cadi, Dafydd, Bryn.

Problem 42

Dylai'r plant lenwi'r cynhwysydd 5 litr â dŵr. Dylent arllwys 3 litr o'r dŵr i mewn i'r cynhwysydd 3 litr gan adael 2 litr yn y cynhwysydd 5 litr. Dylent arllwys y 2 litr i mewn i'r twb. Yna, mae angen iddynt ail lenwi'r cynhwysydd 5 litr a'i arllwys i'r twb i gyd. Yna mae 7 litr o ddŵr yn y twb mawr.

Problem 43

Ar y dechrau roedd naw marblen ym mocs A a saith marblen ym mocs B.

Problem 44

Gwnaed £10 o elw.

Prynu	Gwerthu	Colled neu Elw
£15		– £15
	£20	+ £5
£25		– £20
	£30	+ £10

Problem 45

1. Bydd y tri yn rhoi eu troed dde ar ris 6.
2. Na, does dim un ris lle bydd y tri ohonynt yn rhoi eu troed chwith.

	Lisa	Meleri	Joel
1	Ch		
2	De	De	
3	Ch		Ch
4	De	Ch	
5	Ch		
6	De	De	De
7	Ch		
8	De	Ch	
9	Ch		Ch

	Lisa	Meleri	Joel
10	De	De	
11	Ch		
12	De	Ch	De
13	Ch		
14	De	De	
15	Ch		Ch

Problem 46

Bydd angen 17 taith i achub y teulu o'r ynys.

Ynys		Croesi afon		Yn ddiogel
(O1 O2 O3 O4 P P)				
O1 O2 O3 O4	→	P P	→	P P
O1 O2 O3 O4 P	←	P	←	P
O1 O2 O3 P	→	O4	→	O4 P
O1 O2 O3 P P	←	P	←	O4
O1 O2 O3	→	P P	→	O4 P P
O1 O2 O3 P	←	P	←	O4 P
O1 O2 P	→	O3	→	O4 O3 P
O1 O2 P P	←	P	←	O3 O4
O1 O2	→	P P	→	O3 O4 P P
O1 O2 P	←	P	←	O3 O4 P
O1 P	→	O2	→	O2 O3 O4 P
O1 P P	←	P	←	O2 O3 O4
O1	→	P P	→	O2 O3 O4 P P
O1 P	←	P	←	O2 O3 O4 P
P	→	O1	→	O1 O2 O3 O4 P
P P	←	P	←	O1 O2 O3 O4
	→	P P	→	O1 O2 O3 O4 P P

Problem 47

Dylai Mrs Prys lenwi'r botel 7 litr â dŵr. Yna dylai lenwi'r botel 5 litr â dŵr o'r botel 7 litr. Bydd hyn yn gadael 2 litr yn y botel 7 litr. Yna, dylai wacau'r botel 5 litr cyn arllwys y 2 litr o'r botel 7 litr i mewn iddo. Mae'n rhaid iddi lenwi'r botel 7 litr eto ac arllwys peth dŵr ohono i mewn i'r botel 5 litr nes bod hwnnw'n llawn (mae 2 litr ynddo'n barod). Bydd hyn yn gadael 4 litr union yn y botel 7 litr.

Problem 48

Mae 400 o seddau yn y theatr (20 sedd ar draws ac 20 rhes o'r blaen i'r cefn).

Blaen 1 2 [3/18] 17 16 15 14 13 12 11 10 9 8 7 6 5 4 3 2 1 Cefn

Mrs Abram

Ochr chwith 1 2 3 4 5 6 7 8 [ ] 1 2 3 4 5 6 7 8 9 10 11 Ochr dde

Mrs Rhys

Dyfalu a Gwirio

Canllawiau i Athrawon Dyfalu a Gwirio

Mae dyfalu a gwirio yn strategaeth ddefnyddiol iawn a gellir defnyddio mwy ohoni. Mae'n gofyn i'r disgyblion ddechrau â dyfaliad synhwyrol ac nid â dyfaliad di-syniad. Dylent ystyried agweddau pwysig y cwestiwn cyn dyfalu. Mae angen gwirio'r dyfaliad drwy ailystyried y broblem ac, os nad yw'r dyfaliad yn ddigon agos, yna rhaid ei addasu drwy ei wneud yn fwy neu'n llai fel bo'r galw. Mae'r broses hon yn cael ei hailadrodd nes darganfod yr ateb.

Y cam cyntaf wrth ddefnyddio'r strategaeth hon yw nodi'r holl ffeithiau pwysig o fewn y cwestiwn. Mae hyn yn sicrhau y bydd y dyfaliad wedi'i seilio ar wybodaeth ac nid yn ddyfaliad pen-agored.

Bydd yn ofynnol i athrawon arwain y disgyblion os bydd eu dyfaliadau cynnar yn rhy eang. Mae'r gallu i wneud dyfaliad cyntaf synhwyrol yn gamp! Er hynny, bydd y disgyblion yn dysgu hyd yn oed o wneud dyfaliad sy'n bell ohoni.

Mae defnyddio tabl unwaith eto'n ffordd ddefnyddiol o drefnu'r wybodaeth wrth ddyfalu a gwirio. Wrth greu tabl, bydd pob dyfaliad yn cael ei gofnodi'n drefnus.

Gellir defnyddio'r dull dyfalu a gwirio i annog disgyblion sy'n ddi-hyder wrth ddatrys problemau. Gellir defnyddio'r dull gyda disgyblion sydd heb lawer o brofiad mewn datrys problemau neu mewn sefyllfaoedd lle maent yn dod ar draws problemau sy'n wahanol i rai blaenorol.

Mae'r camau canlynol yn bwysig wrth ddyfalu a gwirio datrysiad i broblem.

NODI FFEITHIAU PWYSIG

Fel y soniwyd eisoes, dylai'r disgyblion ddechrau drwy nodi'r prif ffeithiau a'r hyn mae'r cwestiwn yn ei ofyn.

Er enghraifft:

Mae Alana 5 mlynedd yn hŷn na Marc. Cyfanswm oedran y ddau yw 25. Beth yw oedran y ddau?

Yn gyntaf, dylai'r disgyblion nodi'r wybodaeth bwysig sydd yn y cwestiwn, sef:

Mae Alana 5 mlynedd yn hŷn na Marc.

Cyfanswm oedran y ddau yw 25.

Yr hyn sydd angen wrth ddatrys y broblem yw oedran Alana ac oedran Marc.

BLE MAE DECHRAU?

Dylai'r disgybl wneud dyfaliad i ddechrau ac ystyried a yw'n rhesymol. Yn y cwestiwn hwn, ni fyddai'n synhwyrol i ddechrau gan ddyfalu bod oedran Alana na Marc dros 25 oed gan mai dyna gyfanswm oedran y ddau. Efallai bydd disgybl yn cynnig fod Alana yn 12 oed a Marc yn 7 oed.

Y ffordd orau i gadw cofnod trefnus yw gosod y dyfaliadau a'r canlyniadau mewn tabl.

LLUNIO TABL

Wrth lunio tabl, mae angen ystyried y prif ffactorau o fewn y cwestiwn. Y tro hwn, mae angen colofnau ar gyfer oedrannau Alana a Marc a chyfanswm eu hoedrannau.

Dyfaliad	Oedran Alana	Oedran Marc	Cyfanswm

PROFI'R DYFALIAD

Dylai'r disgyblion brofi eu dyfaliad pob tro.

Os yw Alana yn 12 a Marc yn 7, y cyfanswm yw 19. Mae angen i'r cyfanswm fod yn 25 felly mae'r dyfaliad hwn yn rhy isel. Bydd angen i'r disgyblion ailystyried eu dyfaliad.

Dyfaliad	Oedran Alana	Oedran Marc	Cyfanswm
1	12	7	(19) Rhy isel!

Y tro hwn, mae'r disgyblion yn dyfalu bod Alana yn 18 a Marc yn 13. Nawr, mae'r cyfanswm yn rhy uchel, ac felly mae angen meddwl am rifau sy'n rhoi cyfanswm llai.

Dyfaliad	Oedran Alana	Oedran Marc	Cyfanswm
1	12	7	19
2	18	13	(31) Rhy uchel!

Os bydd y disgyblion yn dyfalu bod Alana yn 15 a Marc felly yn 10, byddant wedi darganfod yr ateb cywir.

Gall y disgyblion weld y datblygiad yn glir wrth osod eu dyfaliadau mewn tabl. Gallant hefyd weld pa mor agos ydynt at yr ateb cywir.

Dyfaliad	Oedran Alana	Oedran Marc	Cyfanswm
1	12	7	19
2	18	13	31
3	15	10	(25) Cywir!

Enghreifftiau Dyfalu a Gwirio

Enghraifft 1

Casglodd Marian 45 o sticeri dros gyfnod o bum niwrnod. Casglodd dri yn fwy pob dydd nag a gasglodd y diwrnod blaenorol. Sawl sticer wnaeth hi dderbyn pob dydd?

Deall y broblem

BETH YDYM YN EI WYBOD?

Cyfanswm y sticeri yw 45.
Fe'u casglwyd dros gyfnod o 5 diwrnod.
Pob diwrnod casglwyd tri yn fwy na'r diwrnod blaenorol.

BETH YDYM AM EI DDARGANFOD?

Cwestiynu: Sawl sticer mae Marian yn ei gasglu pob diwrnod?

Cynllunio a chyfathrebu datrysiad

Rhowch syniad i'r disgyblion lle i ddechrau. Er enghraifft, gall 5 sticer fod yn fan defnyddiol i ddechrau. Bydd cadw cofnod o'r cyfanswm yn dangos yn glir pan fydd y cyfanswm o 45 sticer wedi'i gyrraedd (neu'i basio).

Lluniwch dabl â thair rhes a phum colofn.

Dyfaliad 1

Diwrnod	1	2	3	4	5
Nifer sticeri	5	8	11	14	17
Cyfanswm	5	13	24	38	55

Mae'r dyfaliad cyntaf yn rhy uchel. Mae'n rhaid cychwyn â rhif sy'n is ar gyfer dyfaliad 2.

Dyfaliad 2

Diwrnod	1	2	3	4	5
Nifer sticeri	2	5	8	11	14
Cyfanswm	2	7	15	26	40

Nid yw'r cyfanswm wedi 5 niwrnod wedi'i gyrraedd, felly mae'r dyfaliad cyntaf yn rhy isel. Mae angen rhif uwch ar gyfer dyfaliad 3.

Dyfaliad 3

Diwrnod	1	2	3	4	5
Nifer sticeri	3	6	9	12	15
Cyfanswm	3	9	18	30	45

Mae dyfaliad 3 yn union gywir. Mae Marian yn casglu 3 sticer ar y diwrnod cyntaf, 6 ar yr ail ddiwrnod, 9 ar y trydydd, 12 ar y pedwerydd a 15 ar y pumed diwrnod, sef cyfanswm o 45 sticer.

Ystyried a chyffredinoli

Trafodwch y broblem gyda'r disgyblion. A ellid bod wedi datrys y broblem mewn rhyw ffordd arall? A oes posibl defnyddio'r dull hwn wrth ddatrys problemau eraill?

Gwaith pellach

Gallai nifer y sticeri ddyblu pob dydd neu gellid eu casglu am amser hirach. Gellir amrywio nifer y sticeri a gasglwyd.

Enghraifft 2

Aeth teulu cyfan ar daith gerdded bum niwrnod. Pob diwrnod, teithiodd y teulu 50km yn llai na'r diwrnod blaenorol. Erbyn diwedd y pumed diwrnod roedden nhw wedi teithio 1500km. Pa mor bell wnaethon nhw deithio pob dydd?

Deall y broblem

BETH YDYM YN EI WYBOD?

Teithiodd y teulu am bum niwrnod.
Pob diwrnod, roedd y pellter a gerddwyd 50km yn llai na phellter y diwrnod blaenorol.
Cyfanswm y daith oedd 1500km

BETH YDYM AM EI DDARGANFOD?

Cwestiynu: Pa mor bell oedd y teulu wedi'i gerdded pob dydd?

Cynllunio a chyfathrebu datrysiad

Yn gyntaf, mae angen dyfalu'r pellter a deithiwyd ar y diwrnod cyntaf. Os oes angen rhoi cymorth â'r man cychwyn, yna mae 500km yn bellter addas.

Lluniwch dabl sy'n cynnwys tair colofn a phum rhes.

Dyfaliad 1:

Diwrnod	Pellter (km)	Cyfanswm (km)
1	500	500
2	450	950
3	400	1350
4	350	1700
5		

Mae'r cyfanswm ar ddiwedd diwrnod 3 yn llai na 1500km ond mae'r cyfanswm ar ddiwedd diwrnod 4 yn fwy na'r 1500km sydd ei angen.

Mae angen dechrau dyfaliad 2 gyda rhif sy'n is, fel 350km:

Diwrnod	Pellter (km)	Cyfanswm (km)
1	350	350
2	300	650
3	250	900
4	200	1100
5	150	1250

Wrth ddechrau â 350km, gwelwn nad yw'r teulu wedi teithio'n ddigon pell erbyn diwedd y pumed diwrnod.

Ar gyfer dyfaliad 3, mae angen cychwyn â rhif rhwng y ddau a ddefnyddiwyd eisoes, fel 400km.

Diwrnod	Pellter (km)	Cyfanswm (km)
1	400	400
2	350	750
3	300	1050
4	250	1300
5	200	1500

Mae'r dyfaliad hwn yn rhoi'r ateb cywir i ni. Ar y diwrnod cyntaf, teithiodd y teulu 400km, 350km ar yr ail ddiwrnod, 300km ar y trydydd diwrnod; 250km ar y pedwedrydd diwrnod a 200km ar y pumed diwrnod, sy'n rhoi'r cyfanswm angenrheidiol i ni.

Ystyried a chyffredinoli

Daethpwyd at y datrysiad cywir drwy broses o ddyfalu a gwirio. Gellir defnyddio'r strategaeth hon ar gyfer cwestiynau eraill nad sy'n dechrau o ryw fan arbennig ond sy'n cynyddu neu'n lleihau drwy swm penodol.

Gwaith pellach

Gellir amrywio nifer o ffactorau fel cyfanswm y pellter a deithiwyd neu'r gwahaniaeth rhwng y pellteroedd a deithiwyd bob dydd.

Enghraifft 3

Trefnwch y rhifau o 1 – 6 i greu triongl, fel bo cyfanswm y rhifau ar bob ochr yn 10.

Deall y broblem

BETH YDYM YN EI WYBOD?

Rhaid defnyddio'r rhifau 1 – 6.
Cyfanswm y rhifau ar bob ochr yw 10.

BETH YDYM AM EI DDARGANFOD?

Cwestiynu: Ble'r ydyn ni'n mynd i osod y rhifau?

Cynllunio a chyfathrebu datrysiad

Gall y disgyblion ddechrau drwy ddewis un o'r rhifau o 1 – 6 a'i osod ar ben y triongl.

Yna gallant arbrofi drwy roi'r rhifau eraill yn eu lle er mwyn cael cyfanswm o 10.

Dyfaliad 1:

Dechreuwch drwy roi'r rhif 6 ar frig y triongl. Dyma un enghraifft o sut y gellir cwblhau'r triongl:

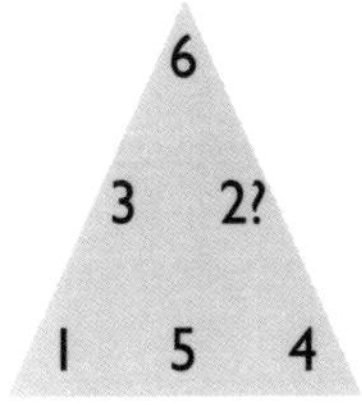

Fe wêl y disgyblion ei bod hi'n amhosibl cwblhau'r triongl wrth ddefnyddio'r rhif 6 ar y top.

Dyfaliad 2:

Y tro hwn, dechreuwch â'r rhif 4 ar y brig. Dyma un ffordd o gwblhau'r triongl:

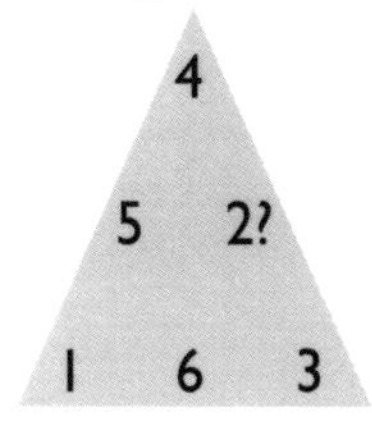

Wrth osod 4 ar y brig, eto, nid yw hi'n bosibl cwblhau'r triongl fel bod cyfanswm o 10 ar bob ochr.

Dyfaliad 3:

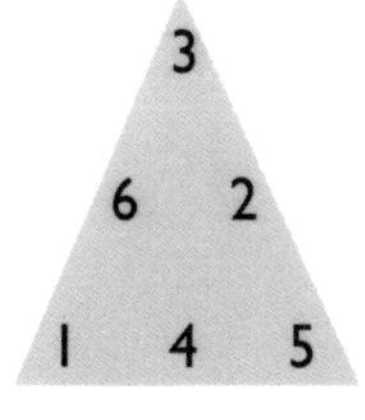

Y tro hwn, rhowch 3 ar y brig. Dyma un enghraifft o'r triongl wedi'i gwblhau.

Mae'r triongl hwn yn rhoi ateb cywir i'r broblem. Cyfanswm pob ochr yw 10.

Dyma'r atebion eraill posibl:

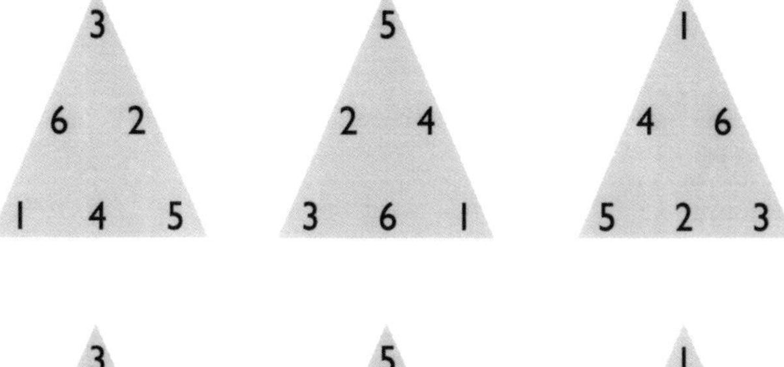

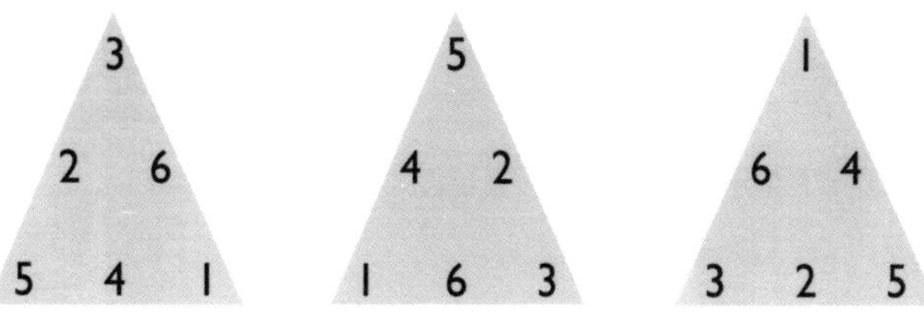

Rhaid gosod 1, 3 a 5 yn y corneli pob tro.

Ystyried a chyffredinoli

Gellir defnyddio'r dull hwn â setiau amrywiol o rifau ac â chyfansymiau gwahanol.

Gwaith pellach

Gall y disgyblion ddefnyddio'r rhifau 4 – 9 i geisio cael cyfanswm o 18 ar bob ochr.

Prif gopi Dyfalu a Gwirio

★ Deall y broblem

Rhestrwch y wybodaeth sydd gennych. ....

....

....

★ Beth ydych chi am ei ddarganfod?

Cwestiynu: Pa gwestiynau sydd gennych? Beth ydych chi'n ansicr ohono? Oes 'na eiriau anodd neu aneglur yno? Beth sydd angen i chi'i wneud?

....

....

....

★ Cynllunio a chyfathrebu datrysiad

Ydy'r dyfaliad yn un rhesymol? Os na, a oes angen codi neu ostwng y pwynt cychwynnol? Ydych chi'n gweithio'n drefnus ac yn cael gwared ar unrhyw feini prawf anghywir? ....

....

....

....

★ Ystyried a chyffredinoli

Pa mor gywir yw eich ateb? Sut allwn ni gymhwyso'r strategaeth hon at broblemau eraill? A allwn fod wedi defnyddio dull gwell?

....

....

....

....

....

....

★ Gwaith pellach

Sut allwn ni ymestyn y broblem hon? Pa ffactorau allwn ni eu hychwanegu fel rhan o gwestiwn 'Beth petai'?

....

....

....

....

Problem 49

Rhifau 123

Lefel A

Mae pedwar deg o blant ar eu ffordd i'r gwersyll. Mae un deg dau yn fwy o fechgyn nag sydd o ferched. Sawl merch sy'n mynd i'r gwersyll?

Problem 50

Rhifau 123

Lefel A

Mae'n costio £1 i fenthyg tywel ger y pwll nofio lleol a 60c i fenthyg cadair lan môr. Benthyciodd Rebecca nifer o dywelion a chadeiriau a gwariodd gyfanswm o £5.80. Sawl tywel a sawl cadair oedd ganddi?

Problem 51

Rhifau 123

Lefel A

Ar eu hymweliad â'r sŵ, mae grŵp o blant yn penderfynu rhifo pennau a choesau'r pryfed copyn a'r madfallod. Maent yn rhifo deg pen a 60 o goesau. Sawl pryf copyn a sawl madfall oedd yno?

Problem 52 Rhifau 123

Lefel A

Prynodd Ben gi poeth a sudd oren am £2.85. Roedd y ci poeth yn costio ddwywaith cymaint â'r sudd oren. Beth oedd pris pob eitem?

Problem 53 Rhifau 123

Lefel A

Mae Carwyn yn prynu tocynnau cyngerdd ar gyfer wyth ffrind. Mae ganddo bapur £50. Mae sedd ym mloc A yn costio £7 tra bo sedd ym mloc B yn costio £5. Os yw Carwyn yn prynu tocynnau ym mlociau A a B, faint o bob un mae Carwyn yn eu prynu wrth wario union £50?

Problem 54 Rhifau 123

Cwblhewch y triongl gan ddefnyddio'r rhifau 1 - 6.
Rhaid i gyfanswm bob ochr fod yn 12.

Problem 55 Rhifau 123

Lefel B

Mae 757 plentyn mewn ysgol. Mae yno 37 yn fwy o ferched na bechgyn. Sawl bachgen sydd yno?

Problem 56 Rhifau 123

Lefel B

Darganfyddwch bedair ffordd wahanol o sgorio 101 drwy adio pedwar o'r rhifau canlynol:
50, 30, 27, 25, 20, 19, 16, 15 a 7.

Problem 57 Rhifau 123

Lefel B

Mae Lisa'n cadw adar a llygod fel anifeiliaid anwes. Mae ganddi 11 anifail anwes ac mae ganddynt gyfanswm o 36 coes. Sawl llygoden sydd ganddi?

Problem 58

Rhifau 123

Lefel B

Mae gan Ali 56 llyfr ar ei silff. Mae rhai ohonynt yn llyfrau antur a'r lleill yn llyfrau hanes. Mae ganddo 14 llyfr antur yn fwy na nifer y llyfrau hanes. Sawl llyfr o'r ddau fath sydd ganddo?

Problem 59

Rhifau 123

Lefel B

Pa dri rhif dilynnol sydd â chyfanswm o 66?

Problem 60

Rhifau 123

Lefel B

Mae Elinor ddwywaith mor hen â Cerys. Mae Ben bum mlynedd yn hŷn na Cerys. Cyfanswm oedrannau'r plant yw 41. Beth yw eu hoedrannau?

Problem 61 Rhifau 123 — Lefel B

Mewn gêm o bêl-fasged, sgoriodd y bechgyn 20 gôl rhyngddynt. Sam sgoriodd y lleiaf a Jac sgoriodd y mwyaf. Roedd sgôr Sam wedi'i ddyblu yn rhif oedd yn gorwedd rhwng sgôr Hari a sgôr Jac. Sawl gôl sgoriodd Sam?

Problem 62 Rhifau 123 — Lefel C

Mae tair chwaer wedi rhoi eu harian poced at ei gilydd i brynu anrheg pen-blwydd priodas i'w rhieni. Roedd Saran, Amina ac Yasmin wedi cynilo £20 rhyngddynt. Cynilodd Saran £3 yn fwy nag Amina a chynilodd Amina £4 yn fwy nag Yasmin. Faint o arian gynilodd pob chwaer?

Problem 63 Mesurau — Lefel C

Mae saer coed wrthi'n brysur yn gwneud cadeiriau teircoes a chadeiriau pedair coes ar gyfer ffair yn y pentref. Llwyddodd i gwblhau 30 cadair cyn diwrnod y ffair. Wrth rifo coesau'r cadeiriau, roedd ganddo 104 coes. Sawl cadair deircoes a sawl cadair pedair coes oedd ganddo i'w gwerthu?

Problem 64 Rhifau 123 Lefel C

Casglodd Riad 50 cragen dros gyfnod o bum niwrnod. Bob dydd, fe gasglodd dair cragen yn fwy na'r diwrnod blaenorol. Sawl cragen gasglodd Riad bob dydd?

Problem 65 Rhifau 123 Lefel C

Ar silff yr archfarchnad mae 95 tun o ffrwythau o dri math gwahanol, rhai mango, rhai eirin gwlanog a rhai phîn-afal. Mae wyth tun yn fwy o fango nag sydd o duniau eirin gwlanog ar y silff ond mae yno dri thun yn fwy o eirin gwlanog nag sydd o duniau pîn-afal. Sawl tun o bob math sydd ar y silff?

Problem 66 Rhifau 123 Lefel C

Gwerthodd Mrs Morgan 48 anifail yn y farchnad. Gwerthodd y moch am £20 yr un, yr ieir am £5 yr un a'r defaid am £10 yr un. Cafodd Mrs Morgan £505 am werthu'r anifeiliaid. Sawl anifail o bob math werthodd hi?

Atebion i'r Cardiau Dyfalu a Gwirio

PROBLEM 49

Dyfalwch ac yna gwiriwch yr ateb:

	Merched	Bechgyn	Cyfanswm	
Dyfaliad 1:	6	18	24	rhy isel
Dyfaliad 2:	12	24	36	rhy isel o hyd
Dyfaliad 3:	14	26	40	cywir

Mae 14 o ferched yn mynd i'r gwersyll.

PROBLEM 50

Dyfalwch ac yna gwiriwch yr ateb:

Dyfaliad	Tywel (£1)	Cadair (60c)	Cyfanswm	
1:	2 (£2.00)	2 (£1.20)	£3.20	rhy isel
2:	3 (£3.00)	4 (£2.40)	£5.40	rhy isel o hyd
3:	4 (£4.00)	3 (£1.80)	£5.80	cywir

Benthyciodd Rebecca bedwar tywel a thair cadair lan môr.

PROBLEM 51

Gan fod yno 10 pen, mae'n rhaid fod 10 anifail yno.

Dyfalwch ac yna gwiriwch yr ateb:

Dyfaliad	Pryfed cop (8 coes)	Madfallod (4 coes)	Cyfanswm pennau	Cyfanswm coesau	
1:	1 (8 coes)	9 (36 coes)	10	44	rhy isel
2:	3 (24 coes)	7 (28 coes)	10	52	rhy isel o hyd
3:	5 (40 coes)	5 (20 coes)	10	60	cywir

Mae 5 pry copyn a 5 madfall yn rhoi cyfanswm o 10 pen a 60 o goesau.

PROBLEM 52

Dyfaliad		Sudd oren	Ci poeth	Cyfanswm
Dyfaliad 1:	£1.00	£2.00	£3.00	rhy uchel
Dyfaliad 2:	80p	£1.60	£2.40	rhy isel
Dyfaliad 3:	95p	£1.90	£2.85	cywir

Roedd sudd oren yn costio 95c a'r ci poeth yn costio £1.90.

PROBLEM 53

Dyfalwch ac yna gwiriwch yr ateb:

Cofiwch bod Carwyn yn prynu 8 tocyn.

	tocynnau £7	tocynnau £5	Cyfanswm	
Dyfaliad 1:	3 (£21)	5(£25)	£46	rhy isel
Dyfaliad 2:	6 (£42)	2(£10)	£52	rhy uchel
Dyfaliad 3:	5 (£35)	3(£15)	£50	cywir

Mae Carwyn yn prynu pum tocyn £7 a thri thocyn £5.

PROBLEM 54

Dyma rai atebion cywir:

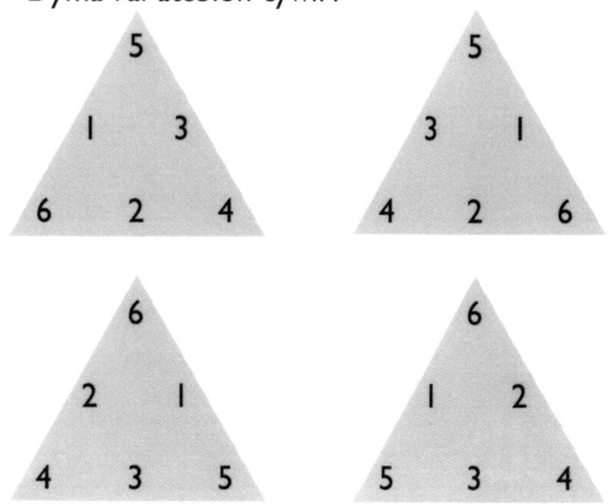

(Ymhob achos, 4, 5 a 6 yw'r rhifau cornel.)

PROBLEM 55

Dyfalwch ac yna gwiriwch yr ateb:

	Bechgyn	Merched	Cyfanswm	
Dyfaliad 1:	100	137	237	rhy isel
Dyfaliad 2:	300	337	637	rhy isel o hyd
Dyfaliad 3:	400	437	837	rhy uchel
Dyfaliad 4:	350	387	737	rhy isel
Dyfaliad 3:	360	397	757	cywir

Mae cyfanswm o 360 o fechgyn yn yr ysgol.

PROBLEM 56

1. 50 + 20 + 16 + 15 = 101
2. 50 + 25 + 19 + 7 = 101
3. 30 + 27 + 25 + 19 = 101

PROBLEM 57

Dyfalwch ac yna gwiriwch yr ateb:

Cofiwch bod 11 anifail ganddi.

	Adar (2 goes)	Llygod (4 coes)	Cyfanswm coesau	
Dyfaliad 1:	6 (12 coes)	5 (20 coes)	32	rhy isel
Dyfaliad 2:	5 (10 coes)	6 (24 coes)	34	rhy isel o hyd
Dyfaliad 3:	4 (8 coes)	7 (28 coes)	36	cywir

Mae saith llygoden gan Lisa.

Atebion i'r Cardiau Dyfalu a Gwirio

Problem 58

Dyfalwch ac yna gwiriwch yr ateb:

	Llyfrau hanes	Llyfrau antur	Cyfanswm	
Dyfaliad 1:	15	29	44	rhy isel
Dyfaliad 2:	17	31	48	rhy isel
Dyfaliad 3:	20	34	54	rhy isel
Dyfaliad 4:	21	35	56	cywir

Mae gan Ali 35 o lyfrau antur a 21 o lyfrau hanes.

Problem 59

Dyfalwch ac yna gwiriwch yr ateb:

Dyfaliad 1:	10 + 11 + 12 = 33	rhy isel
Dyfaliad 2:	20 + 21 + 22 = 63	rhy isel o hyd
Dyfaliad 3:	25 + 26 + 27 = 78	rhy uchel
Dyfaliad 4:	21 + 22 + 23 = 66	cywir

Y tri rhif dilynnol sydd â chyfanswm o 66 yw 21,22 a 23

Problem 60

Dyfalwch ac yna gwiriwch yr ateb:

Dechreuwch drwy ddyfalu oed Cerys.

	Cerys	Elinor	Ben	Cyfanswm	
Dyfaliad 1:	5	10	10	25	rhy isel
Dyfaliad 2:	11	22	16	49	rhy uchel
Dyfaliad 3:	10	20	15	45	rhy isel o ichel
Dyfaliad 4:	9	18	14	41	cywir

Mae Cerys yn 9 oed, Elinor yn 18 oed ac mae Ben yn 14 oed.

Problem 61

Dyfalwch ac yna gwiriwch yr ateb:

	Sam	Hari	Jac	Cyfanswm goliau	
Dyfaliad 1:	2	3	5	10	rhy isel
Dyfaliad 2:	3	5	7	15	rhy isel
Dyfaliad 3:	4	7	9	20	cywir

Sgoriodd Sam 4 gôl, sgoriodd Hari 7 gôl a sgoriodd Jac 9 gôl. (Atebion eraill yw Sam yn sgorio 4 gôl, Hari'n sgorio 6 gôl a Jac yn sgorio 10 gôl neu Sam yn sgorio 4 gôl, Hari'n sgorio 5 gôl a Jac yn sgorio 11 gôl).

Problem 62

Dyfalwch ac yna gwiriwch yr ateb:

	Saran	Amina	Yasmin	Cyfanswm	
Dyfaliad 1:	£15	£12	£8	£35	rhy uchel
Dyfaliad 2:	£8	£5	£1	£14	rhy isel
Dyfaliad 3:	£10	£7	£3	£20	cywir

Cynilodd Saran £10, Amina £7 ac Yasmin £3.

Problem 63

Dyfalwch ac yna gwiriwch yr ateb:

Mae 30 cadair gan y saer i'w gwerthu.

	Cadeiriau teircoes	Cadeiriau pedair coes	Cyfanswm	
Dyfaliad 1:	26 (78 coes)	4 (16 coes)	94	rhy isel
Dyfaliad 2:	20 (60 coes)	10 (40 coes)	100	rhy isel o hyd
Dyfaliad 3:	15 (45 coes)	15 (60 coes)	105	rhy uchel
Dyfaliad 4:	16 (48 coes)	14 (56 coes)	104	cywir

Roedd ganddo 16 cadair deircoes a 14 cadair bedair coes i'w gwerthu yn y ffair.

Problem 64

Dyfalwch ac yna gwiriwch yr ateb:

	Diwrnod 1	Diwrnod 2	Diwrnod 3	Diwrnod 4	Diwrnod 5	Cyfanswm cregyn	
Dyfaliad 1:	5	8	11	14	17	55	rhy uchel
Dyfaliad 2:	2	5	8	11	14	40	rhy isel
Dyfaliad 3:	4	7	10	13	16	50	cywir

Casglodd Riad 4 cragen y diwrnod cyntaf, 7 cragen yr ail ddiwrnod, 10 cragen y trydydd diwrnod, 13 cragen y pedwerydd diwrnod ac 16 cragen y pumed diwrnod.

Problem 65

Dyfalwch ac yna gwiriwch yr ateb:

Dechreuwch drwy ddyfalu nifer y tuniau mango.

	Mango	Eirin gwlanog	Pîn-afal	Cyfanswm	
Dyfaliad 1:	26	18	15	59	rhy isel
Dyfaliad 2:	40	32	29	101	rhy uchel
Dyfaliad 3:	38	30	27	95	cywir

Mae 38 tun mango, 30 tun eirin gwlanog a 27 tun pîn-afal ar y silff.

Problem 66

Dyfalwch ac yna gwiriwch yr ateb:

Gwerthodd Mrs Morgan gyfanswm o 48 anifail.

Dyfaliad	Moch (£20)	Ieir (£5)	Defaid (£10)	Cyfanswm	
1:	15 (£300)	15 (£75)	18 (£180)	£555	rhy uchel
2:	9 (£180)	30 (£150)	9 (£90)	£420	rhy isel
3:	12 (£240)	19 (£95)	17 (£170)	£505	cywir

Gwerthodd Mrs Morgan 12 mochyn, 19 iâr ac 17 dafad yn y farchnad.

Creu Rhestr Drefnus

Mae'r strategaeth hon yn debyg i *Llunio Tabl* (gweler tudalen 19) ond fe'i defnyddir fwyaf lle bo rhagor o wybodaeth ar gael. Mae'n rhaid gosod y wybodaeth mewn ffordd systematig er mwyn gwella'r cyfle o weld y canlyniadau tebygol. Rhaid i'r disgyblion ddilyn dull rhesymegol o weithio er mwyn sicrhau bod pob posibiliad wedi'i restru ac er mwyn osgoi ail-adrodd.

Wrth greu rhestr, dylid cadw un eitem yn gyson tra bod y gweddill yn newid. Dylid edrych yn fanwl ar yr un a gedwir yn gyson er mwyn gweld os oes ganddi hithau hefyd werthoedd gwahanol neu rannau y gellir eu rhestru.

Dylai'r disgyblion ddod i arfer â chofnodi'r broses.

Dylid datblygu'r sgiliau canlynol wrth ddefnyddio'r strategaeth hon.

GWEITHIO'N DDILYNIANNOL

Dewisiwch fan cychwyn ac yna, gweithiwch ymlaen yn drefnus.

Enghraifft:

Mae'r capten a'r is-gapten yn cael eu dewis o saith chwaraewr. Sawl dewis gwahanol sy'n bosibl?

Os yw'r saith chwaraewr yn cael eu cynrychioli gan y llythrennau A B C D E F ac G yna'r dewisiadau posibl yw:

AB	BA	CA	DA	EA	FA	GA
AC	BC	CB	DB	EB	FB	GB
AD	BD	CD	DC	EC	FC	GC
AE	BE	CE	DE	ED	FD	GD
AF	BF	CF	DF	EF	FE	GE
AG	BG	CG	DG	EG	FG	GF

Gellir gwneud 42 dewis gwahanol.

LLENWI BYLCHAU AR ÔL CANFOD Y PATRWM

Mae'r sgil hon yn herio'r disgyblion i ddelweddu ac i greu lluniau dychmygol. Yna, gallant restru'r canlyniadau.

Er enghraifft:

Mae nifer o luniau anifeiliaid yn cael eu torri'n hanner i roi cyfuniadau amrywiol o bennau a chynffonnau. Defnyddir lluniau o bysgodyn, ci, cath, llygoden, mochyn cwta a chwningen. Sawl cyfuniad gwahanol sy'n bosibl?

Pen	Cynffon
pysgodyn	ci
	cath
	llygoden
	mochyn cwta
	cwningen

Mae yna bum cynffon yn bosibl ar gyfer pob pen.

Felly nifer y cyfuniadau yw 6 x 5 = 30.

CYFUNIADAU RHIF

Weithiau, rhoddir problemau i ddisgyblion lle gofynnir iddynt gyfuno dilyniant o rifau.

Enghraifft:

Mewn gêm yn ffair haf yr ysgol mae angen troi'r olwyn rif dair gwaith. Yna mae'n rhaid darganfod y cyfanswm er mwyn ennill gwobr. Sawl gwobr sydd ei angen?

Bydd yn ofynnol i'r disgyblion weithio'n drefnus. Bydd angen iddynt ddechrau drwy restru pob cyfuniad gan ddefnyddio'r rhif un.

1+1+1=3	2+1+1=4	3+1+1=5
1+1+2=4	2+1+2=5	3+1+2=6
1+1+3=5	2+1+3=6	3+1+3=7
1+2+1=4	2+2+1=5	3+2+1=6
1+2+2=5	2+2+2=6	3+2+2=7
1+2+3=6	2+2+3=7	3+2+3=8
1+3+1=5	2+3+1=6	3+3+1=7
1+3+2=6	2+3+2=7	3+3+2=8
1+3+3=7	2+3+3=8	3+3+3=9

Fe welwch bod rhai o'r atebion yr un fath. Un wobr yn unig fydd ei hangen ar gyfer pob un ateb. Yr atebion posibl yw 3, 4, 5, 6, 7, 8 a 9. Felly bydd angen 7 gwobr ar gyfer y gêm.

ENGHRAIFFT 1

Mae gan Daniel dri char bychan ac mae'n eu cadw ar ei silff lyfrau. Mae ganddo un Honda, un Toyota ac un Mazda. Mae Daniel yn hoffi newid trefn y ceir ar y silff. Sawl ffordd wahanol sydd ganddo i'w gosod?

Deall y broblem

BETH YDYM YN EI WYBOD?

Mae gan Daniel dri char bychan, un Honda, un Toyota ac un Mazda.
Mae Daniel yn newid trefn y ceir ar y silff.

BETH YDYM AM EI DDARGANFOD?

Cwestiynu:
Mewn sawl ffordd wahanol y gellir eu gosod ar y silff?
A fydd rhaid dechrau â char gwahanol pob tro?

Cynllunio a chyfathrebu datrysiad

Rhowch yr Honda'n gyntaf ac yna gosodwch y ddau gar arall mewn lleoedd posibl.

Enghraifft:

Mae chwe chyfuniad yn bosibl.

Ystyried a chyffredinoli

Wrth roi pob car yn ei dro yn y safle cyntaf, a newid safleoedd y ddau arall, fe welwn bod chwe ffordd bosibl i osod y ceir.

Gwaith pellach

Gellir gwneud yr un fath o waith gyda phedwar gwrthrych ac yna pump.

ENGHRAIFFT 2

Mae Megan yn paratoi ar gyfer parti ond nid yw'n gallu penderfynu beth i'w wisgo. Mae ganddi grys du, crys gwyn a chrys-T. Mae ganddi bâr o jîns, trowsus du a sgert. Sawl cyfuniad o wisgoedd sydd ganddi i'w gwisgo?

Deall y broblem

BETH YDYM YN EI WYBOD?

Mae gan Megan dri chrys: crys du, crys gwyn a chrys-T.
Mae ganddi bâr o jîns, trowsus du a sgert.

BETH YDYM AM EI DDARGANFOD?

Cwestiynu:
Sawl cyfuniad gwahanol o wisgoedd sydd ganddi?

Cynllunio a chyfathrebu datrysiad

Dewisiwch y crys du i ddechrau a rhowch wisgoedd at ei gilydd gan ddefnyddio'r crys du. Ailwnewch hyn gan ddefnyddio'r crysau eraill.

crys du	jîns
crys du	trowsus du
crys du	sgert
crys gwyn	jîns
crys gwyn	trowsus du
crys gwyn	sgert
crys-T	jîns
crys-T	trowsus du
crys-T	sgert

Gall Megan ddewis o naw cyfuniad gwahanol.

Ystyried a chyffredinoli

Wrth roi pob crys yn gyntaf a'u gosod â'r dillad arall yn eu tro, fe welwn bod naw cyfuniad o wisgoedd gwahanol yn bosibl i Megan.

Gwaith pellach

Ailwnewch y gwaith gan gyflwyno trydydd neu bedwerydd dilledyn, fel esgidiau neu het.

ENGHRAIFFT 3

Mae'n rhaid i chwe pherson ysgwyd llaw â'i gilydd. Beth fydd nifer yr ysgwydiadau dwylo?

Deall y broblem

BETH YDYM EI WYBOD?

Mae chwe pherson yn ysgwyd llaw â'i gilydd.

BETH YDYM AM EI DDARGANFOD?

Cwestiynu:
Beth fydd nifer yr ysgwydiadau dwylo?

Cynllunio a chyfathrebu datrysiad

Mae chwe pherson yn bresennol a bydd pob un ohonynt yn ysgwyd llaw bum gwaith (gan na fyddan nhw yn ysgwyd llaw â'u hunain!).

Bydd person 1 yn ysgwyd llaw â pherson 2
Bydd person 1 yn ysgwyd llaw â pherson 3
Bydd person 1 yn ysgwyd llaw â pherson 4
Bydd person 1 yn ysgwyd llaw â pherson 5
Bydd person 1 yn ysgwyd llaw â pherson 6

Bydd person 2 yn ysgwyd llaw â pherson 3
Bydd person 2 yn ysgwyd llaw â pherson 4
Bydd person 2 yn ysgwyd llaw â pherson 5
Bydd person 2 yn ysgwyd llaw â pherson 6

Bydd person 3 yn ysgwyd llaw â pherson 4
Bydd person 3 yn ysgwyd llaw â pherson 5
Bydd person 3 yn ysgwyd llaw â pherson 6

Bydd person 4 yn ysgwyd llaw â pherson 5
Bydd person 4 yn ysgwyd llaw â pherson 6

Bydd person 5 yn ysgwyd llaw â pherson 6

Bydd yna 15 ysgwydiad llaw.

Ystyried a chyffredinoli

Wrth ystyried pob person yn ei dro, gallwn sicrhau na fyddwn yn anghofio neb nac yn ailadrodd neb chwaith.

Gwaith pellach

Cynyddwch nifer y bobl.

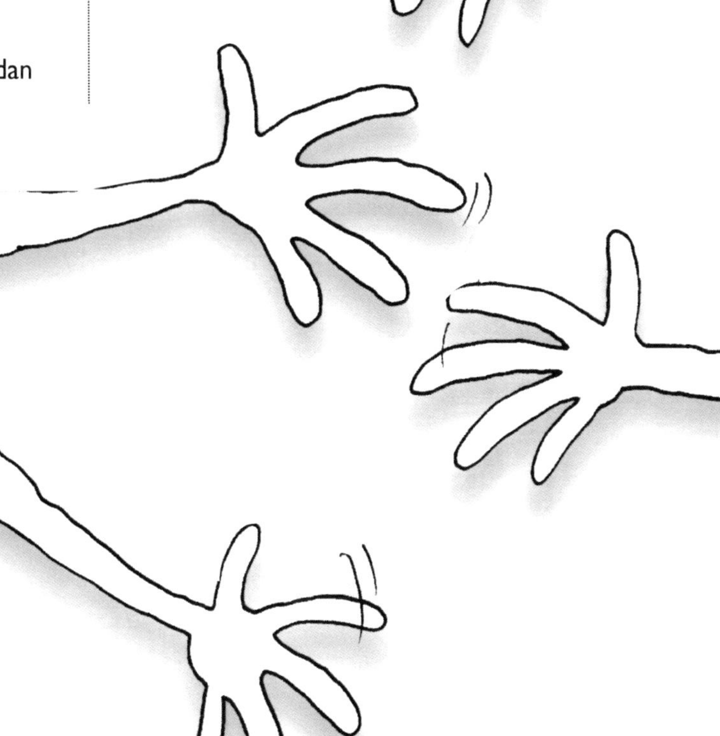

Creu Rhestr Drefnus

★ Deall y broblem

Rhestrwch y wybodaeth sydd gennych..

....

....

★ Beth ydych chi am ei ddarganfod?

Cwestiynu: Pa gwestiynau sydd gennych? Beth ydych chi'n ansicr ohono? Oes 'na eiriau anodd neu aneglur yno? Beth sydd angen i chi'i wneud?

....

....

....

★ Cynllunio a chyfathrebu datrysiad

Ydych chi'n gweithio'n drefnus? Fedrwch chi ddatblygu patrwm?

....

....

....

....

....

★ Ystyried a chyffredinoli

A fu'r strategaeth yn llwyddiant? Oedd 'na ddull mwy addas? A fydd hi'n bosibl cymhwyso neu ddefnyddio'r dull hwn at broblemau tebyg?

....

....

....

....

....

★ Gwaith pellach

Sut allwn ni ymestyn y broblem hon? Pa ffactorau allwn ni eu hychwanegu fel rhan o gwestiwn 'Beth petai'?

....

....

....

....

Creu Rhestr Drefnus

Problem 67

Siâp a Gofod

Lefel A

Mae Ryan, Steffan, Danna a Sabrina yn aros i ddrws y sinema agor. Maen nhw'n aros mewn rhes, un y tu ôl i'r llall. Mewn sawl ffordd wahanol allan nhw sefyll?

Problem 68

Rhifau 123

Lefel A

Mae siop yn gwerthu dau sgŵp o hufen iâ am bris un sgŵp. Mae gan y siop hufen iâ blas fanila, blas siocled a blas mefus. Mewn sawl ffordd wahanol all y siop baratoi hufen iâ a dau sgŵp? (Cofiwch bod blas fanila a blas siocled yr un fath â blas siocled a blas fanila.)

Problem 69

Rhifau 123

Lefel A

Mae pedwar teulu'n danfon cardiau Nadolig at ei gilydd. Sawl cerdyn fydd yn cael ei ddanfon?

Problem 70

Rhifau 123 — Lefel A

Mae Mathew'n taflu dau ddis ac mae'n adio'r rhifau sy'n cael eu taflu. Mewn sawl ffordd wahanol all Mathew gael cyfanswm o 6?

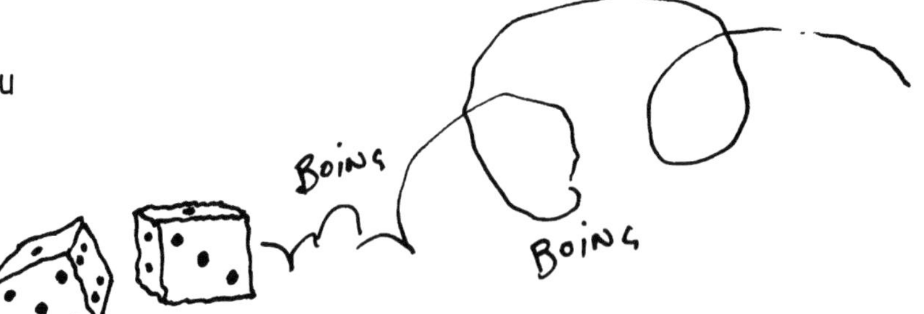

Problem 71

Rhifau 123 — Lefel A

Mae Mrs Harris wedi rhoi genedigaeth i ferch fach. Mae hi am roi un o'r enwau canlynol i'w merch: Ceri, Cloe, Rhian neu Briallt. Mae ei gŵr am ddewis yr enw canol ac am roi un o'r canlynol: Eleri, Meinir, Zowie neu Sophie. Sawl enw gwahanol sy'n bosibl drwy gyfuno unrhyw ddau o'r enwau?

Problem 72

Rhifau 123 — Lefel A

Beth yw'r cyfuniadau posibl pan fydd Nathan yn taflu dau ddarn arian i'r awyr?

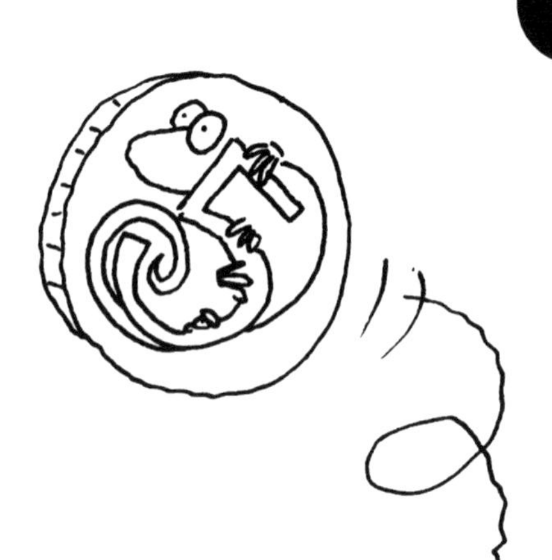

Problem 73

Siâp a Gofod

Lefel B

Mae gan Iwan bedwar model o gerddorion ar ei silff ben tân. Mae un yn canu'r sielo, un yn canu'r ffidil, un yn canu'r ffliwt ac un yn canu'r sacsoffon. Mewn sawl ffordd all Iwan eu gosod ar y silff?

Problem 74

Rhifau 123

Lefel B

Mae gan rai blatiau cofrestru sydd ar flaen ceir dair llythyren a thri rhif. Beth yw'r cyfuniadau posibl ar gyfer y rhifau 7, 8 a 9? Gellir defnyddio'r rhifau fwy nag unwaith.

Problem 75

Rhifau 123

Lefel B

Aeth grŵp o bobl i gael pryd o fwyd lle mae'n rhaid talu £45 y pen. Mae pob person i ddewis un math o fwyd o bob cwrs. Dyma'r dewis:

Cwrs cyntaf: Cawl neu salad ysgafn
Prif gwrs: Pysgodyn, cyw iâr neu gig oen
I orffen: Ffrwythau neu bwdin reis

Lluniwch restr o'r holl ddewisiadau.

Bwydlen

Cwrs cyntaf:
Cawl neu salad ysgafn
Prif gwrs:
Pysgodyn, cyw iâr neu gig oen
I orffen:
Ffrwythau neu bwdin reis

Problem 76 Rhifau 123 Lefel B

Mae dau dîm yn chwarae gêm o griced. Mae naw yn y tîm sy'n batio a chwech yn y tîm sy'n bowlio. Faint o gyfuniadau gwahanol sydd wrth ddewis pâr o chwaraewyr, un sy'n batio ac un sy'n bowlio?

Problem 77 Rhifau 123 Lefel B

Mae Siriol yn nofio am 6 o'r gloch y bore pob dydd. Mae'n rhaid iddi ymarfer y pedwar dull (dull broga, rhydd, pili-pala a chefn). Er mwyn gwella pob dull, mae'n newid y drefn ymarfer yn ddyddiol. Sawl cyfuniad gwahanol o'r dulliau nofio sydd ar gael iddi?

Problem 78 Rhifau 123 Lefel B

Mae Mr a Mrs Powell yn peintio'r tŷ. Mae ganddynt ddewis o baent: paent glas, gwyrdd neu arian ar gyfer y to, a phaent coch, brown, aur, porffor neu hufen ar gyfer y waliau. Sawl cyfuniad gwahanol sy'n bosibl iddynt?

Problem 79

Rhifau 123

Lefel B

Mae Mared wedi gwneud project tair tudalen. Mae hi am addurno pob tudalen â llun. Mae ganddi dri llun – blodyn, broga a choeden. Mewn sawl trefn wahanol all Mared ddefnyddio'r lluniau?

Problem 80

Rhifau 123

Lefel C

Mae gan Alpha grys smotiog ac un streipiog. Mae ganddi siorts gwyrdd, siorts coch a sgert las. Mae ganddi esgidiau du ac esgidiau glas. Sawl dewis o wisgoedd gwahanol sydd ganddi?

Problem 81

Rhifau 123

Lefel C

Mae'n rhaid i Geraint benderfynu pa ffrind all ddod ato i chwarae. Gall ddewis o Steven, Fred, Paul, Imogen neu Yvie. Byddan nhw'n gallu chwarae yn yr ystafell wely, yn yr ystafell fyw neu allan yn yr awyr iach. Gallan nhw ddefnyddio'r cyfrifiadur, chwarae Lego, gwneud jig-sô neu chwarae pêl. Sawl cyfuniad sy'n bosibl i Geraint?

Creu Rhestr Drefnus

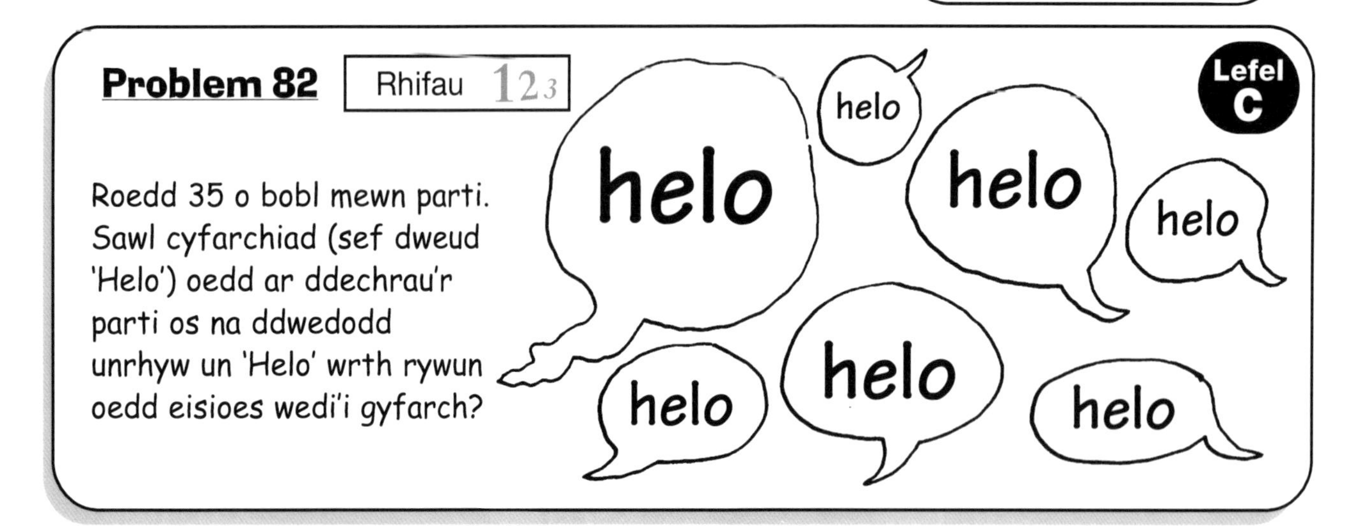

Problem 82 Rhifau 123

Lefel C

Roedd 35 o bobl mewn parti. Sawl cyfarchiad (sef dweud 'Helo') oedd ar ddechrau'r parti os na ddwedodd unrhyw un 'Helo' wrth rywun oedd eisioes wedi'i gyfarch?

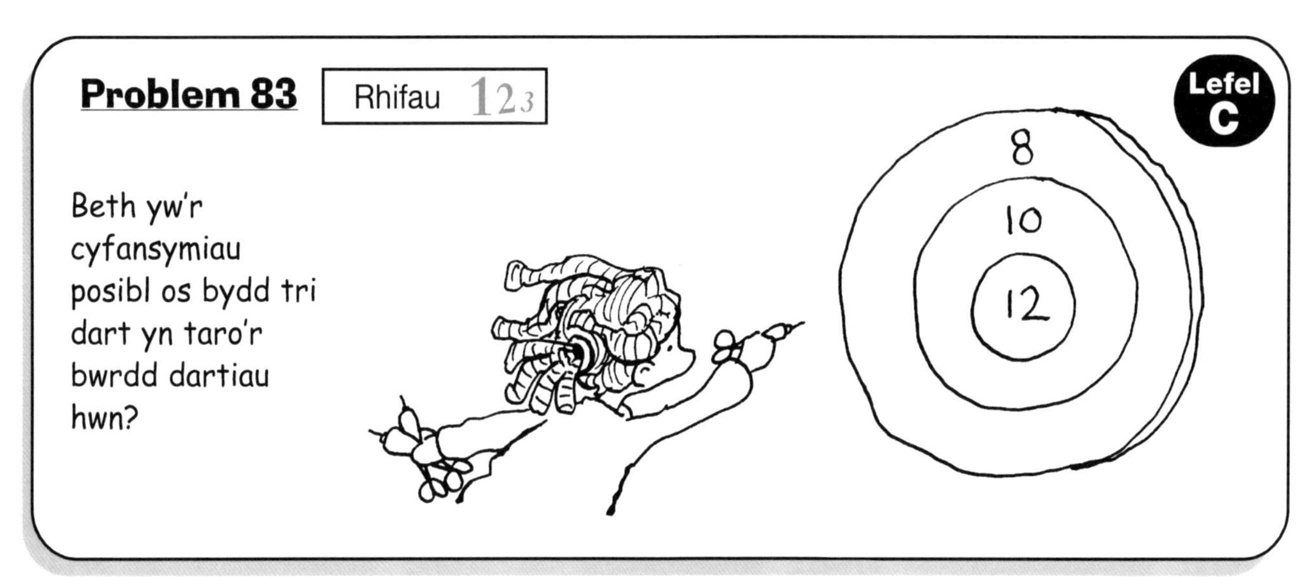

Problem 83 Rhifau 123

Lefel C

Beth yw'r cyfansymiau posibl os bydd tri dart yn taro'r bwrdd dartiau hwn?

Problem 84 Rhifau 123

Lefel C

Sawl rhifolyn sy'n cael ei ysgrifennu wrth rifo 225 o dudalennau mewn llyfr?

Atebion i'r Cardiau Tasg
Creu Rhestr Drefnus

Problem 67

Ryan	Steffan	Danna	Sabrina
Ryan	Steffan	Sabrina	Danna
Ryan	Danna	Steffan	Sabrina
Ryan	Danna	Sabrina	Steffan
Ryan	Sabrina	Steffan	Danna
Ryan	Sabrina	Danna	Steffan

Gan ddechrau ag unrhyw blentyn, bydd chwe chyfuniad. Felly, bydd 6 x 4 = 24 cyfuniad i gyd.

Problem 68

fanila	siocled
fanila	mefus
fanila	fanila
siocled	siocled
siocled	mefus
mefus	mefus

Mae 'na chwe chyfuniad yn bosib.

Problem 69

Teuluoedd	A	B	C	Ch
	AB	BA	CA	ChA
	AC	BC	CB	ChB
	ACh	BCh	CCh	ChC

Bydd 12 cerdyn yn cael eu danfon.

Problem 70

Y cyfuniadau sy'n rhoi 6 yw:

1 a 5
2 a 4
3 a 3
4 a 2
5 a 1

Mae pum ffordd wahanol o daflu dau ddis i gael cyfanswm o 6.

Problem 71

Ceri	Eleri	Cloe	Eleri
Ceri	Meinir	Cloe	Meinir
Ceri	Zowie	Cloe	Zowie
Ceri	Sophie	Cloe	Sophie
Rhian	Eleri	Briallt	Eleri
Rhian	Meinir	Briallt	Meinir
Rhian	Zowie	Briallt	Zowie
Rhian	Sophie	Briallt	Sophie

Mae 16 cyfuniad o enwau yn bosib.

Problem 72

P P
P C
C C
P C

Mae 4 cyfuniad yn bosib.

Problem 73

A – sielo B – ffidil C- ffliwt Ch – sacsoffon

A B C Ch	B A C Ch	C A B Ch	Ch A B C
A B Ch C	B A Ch C	C A Ch B	Ch A C B
A C B Ch	B C A Ch	C B A Ch	Ch B A C
A C Ch B	B C Ch A	C B Ch A	Ch B C A
A Ch B C	B Ch A C	C Ch A B	Ch C A B
A Ch C B	B Ch C A	C Ch B A	Ch C B A

Mae 24 lleoliad posibl i'r modelau.

Problem 74

777	787	797
778	788	798
779	789	799

Mae naw cyfuniad gwahanol pan ddefnyddir y rhif 7 fel y rhif cyntaf. Felly, cyfanswm y cyfuniadau yw 9 x 3 = 27.

Problem 75

cawl	pysgodyn	ffrwythau
cawl	pysgodyn	pwdin reis
cawl	cyw iâr	ffrwythau
cawl	cyw iâr	pwdin reis
cawl	cig oen	ffrwythau
cawl	cig oen	pwdin reis
salad	pysgodyn	ffrwythau
salad	pysgodyn	pwdin reis
salad	cyw iâr	ffrwythau
salad	cyw iâr	pwdin reis
salad	cig oen	ffrwythau
salad	cig oen	pwdin reis

Mae 12 cyfuniad yn bosibl.

Problem 76

Mae 6 yn y tîm sy'n bowlio

Mae pob bowliwr yn bowlio at naw batiwr, felly, mae 'na 9 x 6 = 54 o gyfuniadau yn bosibl.

Bowliwr	Batiwr
1	1
1	2
1	3
1	4
1	5
1	6
1	7
1	8
1	9

Atebion i'r Cardiau Tasg — Creu Rhestr Drefnus

Problem 77

C	P	Rh	B
C	P	B	Rh
C	Rh	P	B
C	Rh	B	P
C	B	Rh	P
C	B	P	Rh

C – cefn
P – pili-pala
Rh – rhydd
B – broga

Mae chwe chyfuniad ar gyfer y dull a nofir ganddi yn gyntaf. Felly mae cyfanswm o 6 x 4 = 24 cyfuniad yn bosibl.

Problem 78

glas	coch
glas	brown
glas	arian
glas	porffor
glas	hufen

gwyrdd	coch
gwyrdd	brown
gwyrdd	arian
gwyrdd	porffor
gwyrdd	hufen

arian	coch
arian	brown
arian	arian
arian	porffor
arian	hufen

Gall Mr a Mrs Powell ddewis o 15 cyfuniad gwahanol o liwiau.

Problem 79

Tudalen 1	Tudalen 2	Tudalen 3
Llun 1	Llun 2	Llun 3
Llun 1	Llun 3	Llun 2
Llun 2	Llun 1	Llun 3
Llun 2	Llun 3	Llun 1
Llun 3	Llun 1	Llun 2
Llun 3	Llun 2	Llun 1

Mae gan Mared ddewis o 6 ffordd o osod y lluniau yn ei phroject.

Problem 80

crys smotiog	siorts gwyrdd	esgidiau du
crys smotiog	siorts gwyrdd	esgidiau glas
crys smotiog	siorts coch	esgidiau du
crys smotiog	siorts coch	esgidiau glas
crys smotiog	sgert las	esgidiau du
crys smotiog	sgert las	esgidiau glas

Gellir cael chwe set o ddillad gyda phob crys. Felly, bydd 6 x 2 = 12 dewis o wisgoedd gan Alpha.

Problem 81

Steven	ystafell wely	cyfrifiadur
Steven	ystafell wely	Lego
Steven	ystafell wely	jig-so
Steven	ystafell wely	pêl
Steven	ystafell fyw	cyfrifiadur
Steven	ystafell fyw	Lego
Steven	ystafell fyw	jig-so
Steven	ystafell fyw	pêl
Steven	tu allan	cyfrifiadur
Steven	tu allan	Lego
Steven	tu allan	jig-so
Steven	tu allan	pêl

Bydd 12 cyfuniad ar gyfer pob ffrind. Felly bydd cyfanswm y cyfuniadau yn 12 x 5 = 60.

Problem 82

Bydd y person cyntaf yn cyfarch 34 o bobl (pob un unwaith)

Bydd yr ail berson yn cyfarch 33 o bobl (bydd y person cyntaf wedi dweud 'Helo' wrth yr ail berson).

Bydd y trydydd person yn cyfarch 32 o bobl, ac felly ymlaen.

34 + 33 + 32 + 31 + 30 + 29 + 28 + 27 + 26 + 25 + 24 + 23 + 22 + 21 + 20 + 19 + 18 + 17 + 16 + 15 + 14 + 13 + 12 +11 +10 + 9 + 8 + 7 + 6 + 5 + 4 + 3 + 2 + 1 = 595.

Bydd 595 cyfarchiad!

Problem 83

12 + 12 + 12 = 36
12 + 12 + 10 = 34
12 + 12 + 8 = 32
12 + 10 + 10 = 32
12 + 10 + 8 = 30
12 + 8 + 8 = 28

10 + 10 + 10 = 30
10 + 10 + 8 = 28
10 + 8 + 8 = 26

8 + 8 + 8 = 24

Y cyfansymiau posibl yw 24, 26, 28, 30, 32, 34 a 36

Problem 84

Mae un rhifolyn ar dudalennau 1 – 9	1 x 9 = 9
Mae dau rifolyn ar dudalennau 10 – 99	2 x 90 = 180
Mae tri rhifolyn ar dudalennau 100 – 225	3 x 126 = 378

Cyfanswm = 378 + 180 + 9 = 567 rhifolyn.

Chwilio am Batrwm

DATRYS PROBLEMAU!
DATRYS PROBLEMAU!
DATRYS PROBLEMAU!

Mae'r strategaeth hon yn estyniad o'r rannau *Llunio Tabl* a *Creu Rhestr Drefnus* (gweler tudalennau 19 a 61). Mae yn un o'r strategaethau mwyaf defnyddiol gan bod patrymau i'w gweld ymhobman – ym myd natur, mewn rhifau ac mewn siapiau. Mae'r disgyblion yn dysgu adnabod patrymau a gwahaniaethu rhyngddynt drwy ddefnyddio tebygolrwydd a rhagfynegi.

Wedi sefydlu bod patrwm, mae'n rhwydd i ragfynegi yr hyn sydd i ddilyn. I wirio os oes patrwm, y ffordd fwyaf defnyddiol yw:

- Canfod y gwahaniaeth rhwng dau rif.
- Penderfynu a yw'r rhifau wedi'u lluosi neu'u rhannu ag unrhyw rif penodol
- Darganfod a yw'r rhifau yn tyfu neu'n lleihau yn ôl trefn reolaidd.

Unwaith bod disgybl wedi canfod patrwm, gall y patrwm gael ei ymestyn neu ei barhau.

Mae'n bwysig i'r disgyblion sylweddoli bod cysylltiad agos rhwng sgiliau datrys problemau. Yn aml mae un yn dibynnu ar un arall, hynny yw, maent yn adeiladol neu'n aml yn gysylltiedig â'i gilydd.

Mae angen i'r disgyblion ddatblygu'r sgiliau canlynol er mwyn iddynt allu datrys problemau sy'n gofyn am ddarganfod patrymau.

CREU A PHARHAU PATRWM

Gofynnwch i'r disgyblion barhau'r patrwm 3–rhif canlynol. Mae mwy nag un ateb yn bosibl.

Enghraifft: 1 2 4 __ __

Rhai patrymau posibl yw:

(a)	1	2	4	8	16
(b)	1	2	4	7	11
(c)	1	2	4	1	2
(ch)	1	2	4	5	7

Mae'r rhain i gyd yn atebion cywir, gan eu bod wedi'u sefydlu ar y tri rhif cyntaf a gellir egluro a chyfiawnhau pob patrwm.

(a) Mae'r rhif blaenorol yn cael ei ddyblu i roi'r rhif newydd.

(b) Mae'r gwahaniaeth rhwng y rhifau'n cynyddu o un bob tro: 1 yn gyntaf, yna 2 ac yna 3.

(c) Mae'r rhifau 1, 2 a 4 yn cael eu hailadrodd.

(ch) Mae'r gwahaniaeth rhwng y rhifau yn 1 y tro cyntaf ac yna 2. Mae hyn yn cael ei ailadrodd.

Mae'n bwysig bod y disgyblion yn sylweddoli y gall mwy nag un ateb cywir fod i gwestiwn, cyhyd ag y gellir cyfiawnhau pob un ateb. Gall defnyddio cyfrifiannell fod yn fuddiol wrth chwilio am batrymau.

Weithiau bydd dwy weithred o fewn patrwm.

Enghraifft: 6 9 8 11 10 — — —

Mae dwy weithred yn y patrwm hwn sef + 3, – 1.

Defnyddiwch gromfachau pan fyddwch yn datrys patrymau cymhleth. Gallant gael eu defnyddio i grwpio'r rhifau tebyg.

Enghraifft: $6 + 7 + 8 + 6 + 7 + 8 + 6 + 7 + 8$

Daw'r patrwm yn fwy eglur wrth ddefnyddio cromfachau i grwpio rhifau tebyg.

$(6 + 7 + 8) + (6 + 7 + 8) + (6 + 7 + 8)$

PATRYMAU GOFODOL

Er mwyn hyrwyddo disgyblion i ymchwilio'n ofodol, rhowch gyfres â phatrwm pendant iddynt.

- Ar y llinell gyntaf, lluniwch res o dri thriongl a phatrwm ymhob un: dot yn y cyntaf, llinell yn yr ail a llinell ychwanegol yn y trydydd triongl.
- Ar yr ail linell, lluniwch res o dri sgwâr, gyda dwy ddot yn y cyntaf, dwy linell yn yr ail a dwy linell ychwanegol o fewn y trydydd.
- Ar y drydedd linell, lluniwch res o dri chylch, gyda thair dot yn y cyntaf, tair llinell yn yr ail a thair llinell ychwanegol yn y drydedd.
- Yna mae patrwm penodol wedi'i sefydlu.

Gall y disgyblion barhau i ymchwilio i'r patrwm. Gallant ychwanegu siapau neu ymchwilio i batrymau pellach o fewn y tri siâp uchod.

DARGANFOD PATRWM O FEWN TABL

Cyn edrych am batrwm, rhaid i'r disgyblion fynd drwy'r broses o greu tabl. Rhaid iddynt benderfynu:
Sawl newidyn sydd ganddynt? Oes angen colofn 'cyfanswm'?

Enghraifft:

Pan aeth Lauren i hel mefus, roedd un o bob chwech wedi ei bwyta gan fwydyn. Faint o fefus iach oedd ganddi i'w bwyta mewn basgedaid o 84 o fefus?

Mae angen creu tabl tair colofn gyda'r penawdau 'iach', 'gwael' a 'cyfanswm mefus'.

Gallwn weld bod patrwm wedi'i sefydlu. Mae'r colofn 'iach' yn tyfu fesul lluosrifau 5 a'r golofn 'gwael' yn tyfu fesul 1. Felly, os oes cyfanswm o 84 o fefus, bydd 70 o rai iach ac 14 o rai gwael.

Iach	Gwael	Cyfanswm mefus
5	1	6
10	2	12
15	3	18
20	4	24
25	5	30
30	6	36
35	7	42

Enghreifftiau Chwilio am Batrwm

ENGHRAIFFT 1

Mae Miriam yn plannu tri hedyn am bob wyth hedyn mae ei mam yn eu plannu. Faint o hadau fydd Miriam wedi'u plannu os fydd ei mam wedi plannu 64 hedyn?

Deall y broblem

BETH YDYM YN EI WYBOD?

Mae Miriam a'i mam yn plannu hadau.
Mae Miriam yn plannu tri hedyn am bob wyth y bydd ei mam yn eu plannu.
Plannodd mam Miriam 64 o hadau.

BETH YDYM AM EI DDARGANFOD?

Cwestiynu: Sawl hedyn blannodd Miriam?

Cynllunio a chyfathrebu datrysiad

Lluniwch dabl â dwy golofn iddo.
Rhowch 'hadau Miriam' yn deitl i un a 'hadau Mam' yn deitl i'r llall.

hadau Miriam	hadau Mam
3	8
6	16
9	24
12	32
15	40
18	48
21	56
24	64

Pan fydd Mam wedi plannu 64 hedyn, bydd Miriam wedi plannu 24.

Ystyried a chyffredinoli

Yma mae'r patrwm yn amlwg. Mae 'hadau Miriam' yn tyfu fesul lluosrifau tri a 'hadau Mam' yn tyfu fesul lluosrifau wyth. Pan ddaw'r patrwm yn amlwg, mae gorffen y tabl yn dasg rwydd.

Gwaith pellach

Gellir defnyddio rhifau gwahanol er mwyn gweld patrymau neu luosrifau gwahanol.

Enghraifft 2

Roedd Mathew yn creu cadwyn o glipiau papur. Ar y diwrnod cyntaf unodd ddau glip â'i gilydd; ar yr ail ddiwrnod ychwanegodd dri chlip at y gadwyn; ar y trydydd diwrnod ychwanegodd bedwar clip. Pe byddai Mathew yn parhau i ychwanegu clipiau yn ôl yr un raddfa, sawl clip fydd Mathew yn ei ychwanegu ar y nawfed diwrnod? Beth fydd nifer y clipiau papur yn y gadwyn bryd hynny?

Deall y broblem

BETH YDYM YN EI WYBOD?

Unodd Mathew ddau glip papur ar y diwrnod cyntaf. Ychwanegodd un yn fwy na'r diwrnod blaenorol bob dydd.
Y nawfed diwrnod yw'r diwrnod olaf iddo ychwanegu clipiau at y gadwyn.

BETH YDYM AM EI DDARGANFOD?

Cwestiynu: Sawl clip papur ychwanegodd Mathew ar y nawfed diwrnod?
Sawl clip papur oedd yn y gadwyn bryd hynny?

Cynllunio a chyfathrebu datrysiad

Lluniwch dabl â thair rhes a deg colofn. Labelwch y rhes gyntaf yn 'Diwrnod', yr ail res yn 'Clipiau papur ychwanegol' a'r drydedd res yn 'Cyfanswm'.

Diwrnod	1	2	3	4	5	6	7	8	9
Clipiau papur ychwanegol	2	3	4	5	6	7	8	9	10
Cyfanswm	2	5	9	14	20	27	35	44	54

Wedi'r nawfed diwrnod, bydd Mathew wedi ychwanegu 10 clip papur a bydd 54 o clipiau yn y gadwyn.

Ystyried a chyffredinoli

Wrth ddefnyddio tabl â phenawdau clir, mae'n haws gweld y patrwm sy'n datblygu.

Gwaith pellach

Newidiwch rhif y clipiau a ychwanegir drwy roi dau yn fwy na'r diwrnod blaenorol, neu wrth ddyblu'r rhif a ychwanegwyd y diwrnod blaenorol.

ENGHRAIFFT 3

Mae teulu Adam wedi penderfynu cadw'n heini. Ar y diwrnod cyntaf maen nhw'n beicio deirgwaith o gwmpas y parc, saith gwaith o gwmpas y parc ar yr ail ddiwrnod, unarddeg gwaith ar y trydydd diwrnod, ac felly 'mlaen. Sawl diwrnod fydd yn rhaid iddyn nhw feicio cyn cyrraedd eu targed o 31 gwaith o gwmpas y parc?

Deall y broblem

BETH YDYM YN EI WYBOD?

Maen nhw'n beicio rhagor o weithiau o gwmpas y parc pob dydd.

BETH YDYM AM EI DDARGANFOD?

Cwestiynu: Sawl diwrnod sy'n rhaid iddyn nhw feicio cyn cyrraedd eu targed?
Oes 'na batrwm?

Cynllunio a chyfathrebu datrysiad

Fel bo'r rhifau'n cynyddu'n ddyddiol, mae angen i'r disgyblion lunio tabl i weld a oes patrwm yn datblygu. Y ddau newidyn yw'r diwrnodau a'r nifer o weithiau o gwmpas y parc.

Diwrnod	Nifer
1	3
2	7
3	11
4	15
5	19
6	23
7	27
8	31

Bydd angen 8 diwrnod ar y teulu i gyrraedd y targed o 31 gwaith o gwmpas y parc.

Ystyried a chyffredinoli

Mae'n rhwydd i weld y patrwm ar ôl llunio'r tabl. Mae'r rhifau yn yr ail golofn yn cynyddu fesul pedwar.

Gwaith pellach

Yn hytrach na chynyddu'r nifer o weithiau o gwmpas y parc bob dydd, gallai'r nifer hwn gynyddu yn ôl fformiwla, fel un yn ychwanegol ar y diwrnod cyntaf, dau yn ychwanegol ar yr ail ddiwrnod, tri ar y trydydd, ac y blaen.

Prif gopi Chwilio am Batrwm

★ Deall y broblem

Rhestrwch y wybodaeth sydd gennych ....

....

....

★ Beth ydych chi am ei ddarganfod?

Cwestiynu: Pa gwestiynau sydd gennych? Beth ydych chi'n ansicr ohono? Oes 'na eiriau anodd neu aneglur yno? Beth sydd angen i chi ei wneud?

....

....

....

★ Cynllunio a chyfathrebu datrysiad

Ydych chi'n gweithio'n drefnus? Fedrwch chi ddatblygu patrwm?

....

....

....

....

....

★ Ystyried a chyffredinoli

A fu'r strategaeth yn llwyddiant? Oedd 'na ddull mwy addas? A fydd hi'n bosibl cymhwyso neu ddefnyddio'r dull hwn at broblemau tebyg?

....

....

....

....

....

★ Gwaith pellach

Sut all y broblem gael ei hymestyn? Pa ffactorau ellid eu hychwanegu fel rhan o gwestiwn 'Beth petai'?

....

....

....

....

Problem 85

Rhifau 123

Lefel A

Yn ystod y gwyliau, aeth Alysha i dynnu afalau. Cafodd 10c am y bwcedaid cyntaf o afalau, 20c am yr ail, 40c am y trydydd ac 80c am y pedwerydd. Faint o dâl gafodd hi am yr wythfed bwcedaid?

Problem 86

Siâp a Gofod

Lefel A

Dyma lun o rifau triongl.
Fedrwch chi weld y patrwm?
Beth fydd y rhif triongl nesaf?
Beth fydd y chweched rhif?

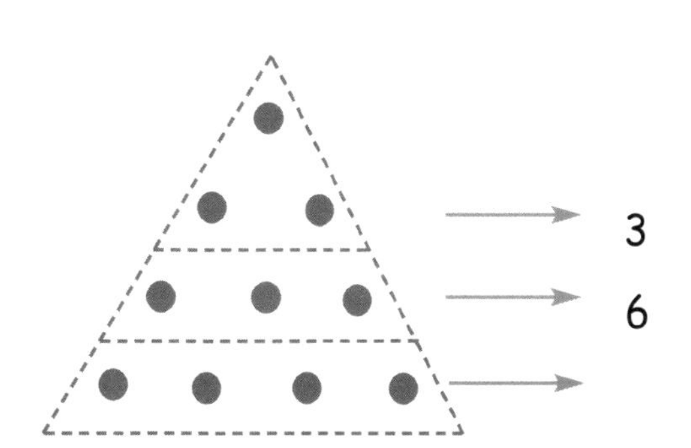

Problem 87

Rhifau 123

Lefel A

Mae pob un o'r grwpiau canlynol o rifau yn dilyn patrwm.
Darganfyddwch y patrwm a nodwch y tri rhif nesaf pob tro.

(a) 2 6 10 14 _ _ _
(b) 11 22 33 44 _ _ _
(c) 1 3 7 13 21 _ _ _
(ch) 64 32 16 8 _ _ _
(d) 6 9 8 11 10 13 _ _ _

Problem 88

Rhifau 123

Lefel A

Mae Nic yn gwneud ei broject mathemateg. Mae am greu cynllun i'r clawr fydd yn cynnwys siapiau amrywiol o gwmpas yr ymyl. Mae ganddo chwe thriongl oren a chwe chylch melyn. Lluniadwch ddau batrwm y gallai Nic eu defnyddio, a disgrifiwch y ddau batrwm.

Problem 89

Siâp a Gofod

Lefel A

Gorffennwch y patrymau lluosi canlynol. Mae'r cyntaf wedi ei wneud i chi.

30	50	18
60	10	6
15	5	3

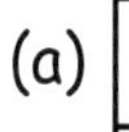

(a)

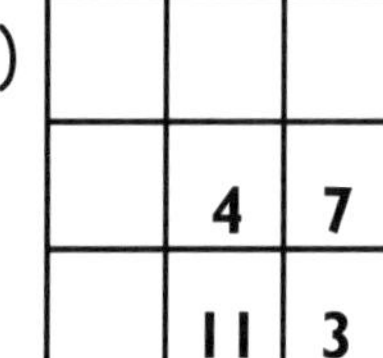

	4	7
	11	3

(b)

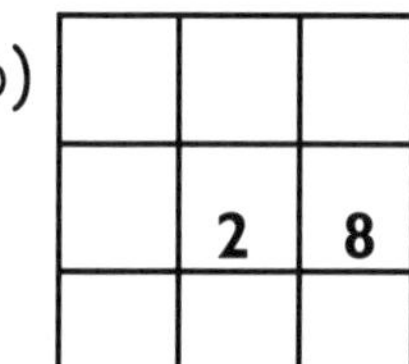

	2	8

(c)

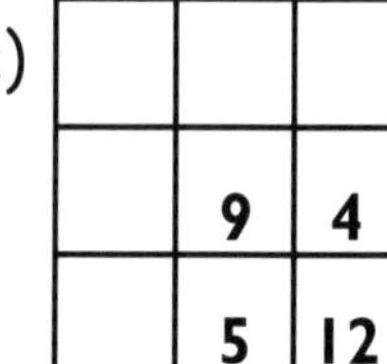

	9	4
	5	12

Problem 90

Siâp a Gofod

Edrychwch am batrwm yn y rhes hon o sgwariau.
Gorffennwch y patrwm drwy dywyllu'r sgwariau cywir.

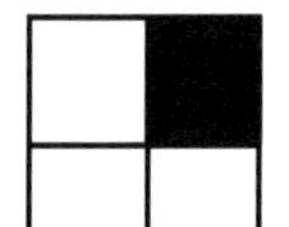
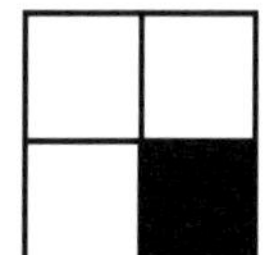
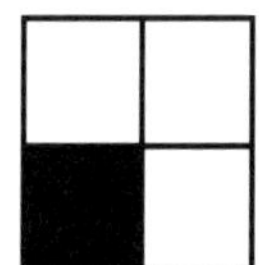
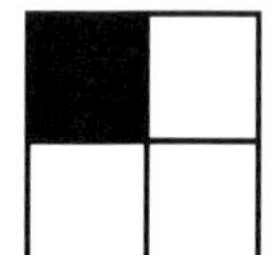
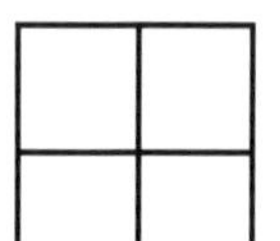
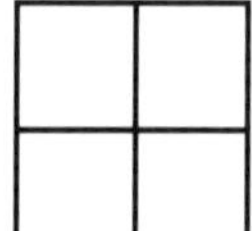
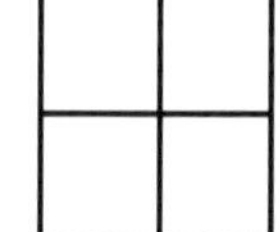

Problem 91

Rhifau 123

Lefel B

Pan fo Miss Jones yn hongian gwaith arlunio'r plant yn y dosbarth, bydd angen dau glip papur arni ar gyfer un llun, tri chlip ar gyfer dau lun, a phedwar clip ar gyfer tri llun. Sawl clip papur fydd eu hangen ar gyfer 15 llun? Beth am nifer y clipiau ar gyfer 30 llun?

Problem 92

Rhifau 123

Lefel B

Roedd dwy chwannen ar y ci! Pan ddaeth yr wythnos ganlynol, roedd chwe chwannen arno, ac erbyn wythnos tri roedd un deg pedwar chwannen arno. Erbyn y bedwaredd wythnos roedd 26 chwannen arno. Beth fydd cyfanswm y chwain erbyn y nawfed wythnos os ydynt yn dal i luosogi ar yr un gyfradd?

Problem 93

Siâp a Gofod

Lefel B

Beth yw'r tri rhif pentagon nesaf?

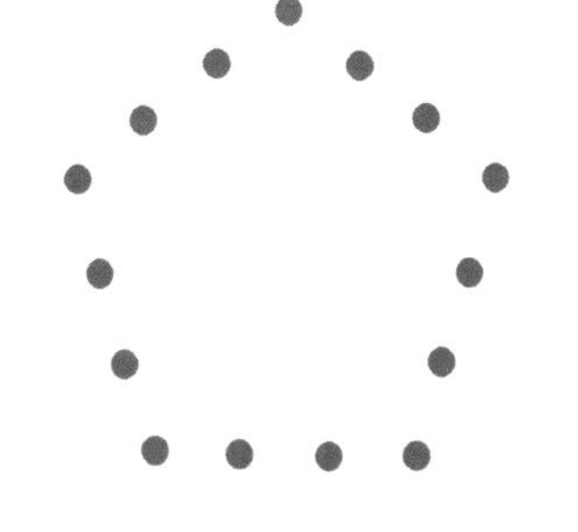

Problem 94

Rhifau 123

Roedd Mr Elliott, sy'n wyddonydd môr, yn ymchwilio i ffurfiant cragen. Yn y gragen mae patrwm sydd â dilyniant a welwyd gyntaf gan y mathemategwr Fibonacci. Nodwch y tri rhif nesaf?

0 1 1 2 3 5 8 13 _ _ _

Problem 95

Rhifau 123

Lefel B

Mae pryfed yn atgenhedlu'n gyflym iawn! Un diwrnod mae dau bryfyn; yr ail ddiwrnod, mae pump; ar y trydydd diwrnod, mae naw; ar y pedwerydd diwrnod mae 14. Sawl pryfyn fydd ar yr wythfed niwrnod?

Problem 96

Rhifau 123

Lefel B

Mae Mr Edward yn rhedeg pum milltir ar ddiwrnod cyntaf ei raglen i gadw'n heini. Pob dydd mae'n rhedeg tair milltir ymhellach na'r diwrnod cynt. Ar y diwrnod olaf, mae'n rhedeg 35 milltir. Pa ddiwrnod yw hwn?

Problem 97

Rhifau 123

Lefel C

Edrychwch ar y calendr i ateb y cwestiwn hwn! Mae Loki a Shannon weithiau'n gweithio ar adegau gwahanol i'w gilydd. Mae Loki'n cael egwyl pob chweched diwrnod ac mae Shannon yn cael egwyl pob nawfed diwrnod. Mae'r ddau i ffwrdd o'r gwaith yfory, dydd Llun y pedwerydd o'r mis. A fydd y ddau i ffwrdd ar yr un diwrnod rywbryd arall yn ystod y mis hwn?

Problem 98

Rhifau 123

Lefel C

Ar ddechrau'r tymor, aeth Felske i gasglu orennau. Casglodd un oren aeddfed ar y diwrnod cyntaf, casglodd ddau ar yr ail ddiwrnod a phedwar ar y trydydd diwrnod. Casglodd wyth oren ar y pedwerydd diwrnod. Sawl oren mae Felske yn debygol o'u casglu ar y degfed diwrnod, os yw'n dilyn yr un patrwm? Sawl oren y bydd wedi ei gasglu erbyn y pymthegfed diwrnod?

Problem 99

Rhifau 123

Lefel C

Mae Luc yn peintio fframiau murlun. Ar y diwrnod cyntaf, peintiodd dri ffrâm. Ar yr ail ddiwrnod, peintiodd bump ffrâm ac fe beintiodd wyth ar y trydydd diwrnod. Roedd wedi peintio 12 ar y pedwerydd diwrnod. Ar ba ddiwrnod fydd Luc wedi peintio 80 ffrâm?

Problem 100 Rhifau 123

Roedd Keli yn teithio traws gwlad. Teithiodd 80 cilometr ar y diwrnod cyntaf; ar yr ail ddiwrnod, teithiodd 100 cilometr; y trydydd diwrnod, 70 cilometr; 90 cilometr ar y pedwerydd diwrnod a 60 cilometr ar y pumed diwrnod. Beth oedd hyd ei thaith ar y trydydd diwrnod ar ddeg?

Problem 101 Rhifau 123

Mae ciwbiau pren yn ystafell ddosbarth Damien. Mae'r plant wedi penderfynu gosod y ciwbiau mewn grwpiau a phaentio'r yr wynebau sy'n dangos. Bydd un ciwb yn y grŵp cyntaf, dau yn y grŵp nesaf, yna tri, ac yn y blaen. Maent yn gosod y ciwbiau yn dynn wrth ei gilydd i greu rhes. Sawl wyneb fydd i'w beintio pan fydd pedwar ciwb gyda'i gilydd mewn rhes? Sawl wyneb fydd i'w beintio pan fydd wyth ciwb gyda'i gilydd?

1 2 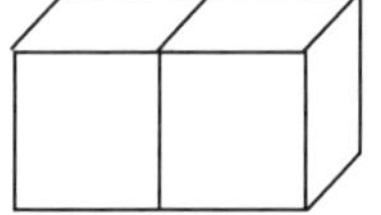 3 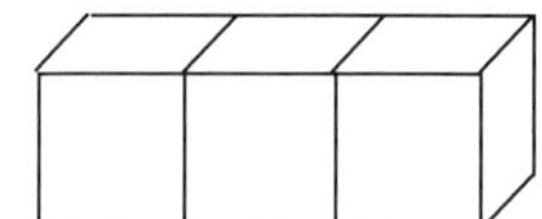

Problem 102 Siâp a Gofod

Lefel C

Lluniwch patrwm sy'n ailadrodd gan ddefnyddio cylch, sgwâr a thriongl.

Gwaith pellach: Beth am ddefnyddio mwy na thri siâp?

Atebion i'r Cardiau Tasg *Chwilio am Batrwm*

Problem 85

Bwced	1	2	3	4	5	6	7	8
Tâl	10c	20c	40c	80c	£1.60	£3.20	£6.40	£12.80

Cafodd Alysha £12.80 am yr wythfed bwcedaid.

Problem 86

Y rhif nesaf yw 15.
Y chweched rhif yw 21.
Mae nifer y dotiau mewn rhes yn cynyddu fesul un pob tro.
(Sicrhewch fod y disgyblion yn ychwanegu'r rhes ddotiau er mwyn parhau â'r patrwm triongl).

Problem 87

(a) 18, 22, 26 (ychwanegu 4 bob tro)
(b) 55, 66, 77 (ychwanegu 11 bob tro)
(c) 31, 43, 57 (ychwanegu 2, 4, 6, 8,10,12,14)
(ch) 4,2,1 (mae'r rhif yn cael ei haneru pob tro)
(d) 12, 15, 14 (ailadrodd y patrwm adio 3, tynnu 1)

Problem 88

Bydd yr atebion yn amrywio.
Dyma ddau ateb posibl.

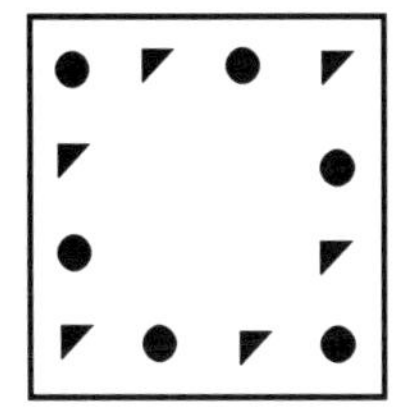

Y patrwm sy'n ailadrodd yw CTCT.

Y patrwm sy'n ailadrodd yw TTCC.

Problem 89

(a)

12	44	21
28	4	7
33	11	3

(b)

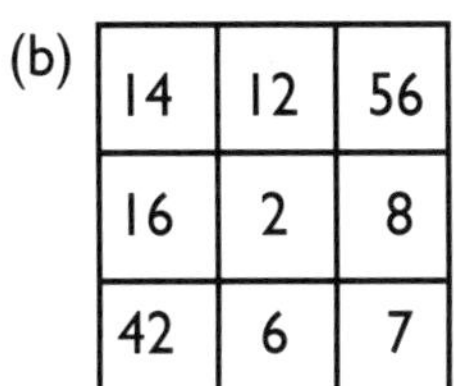

14	12	56
16	2	8
42	6	7

(c)

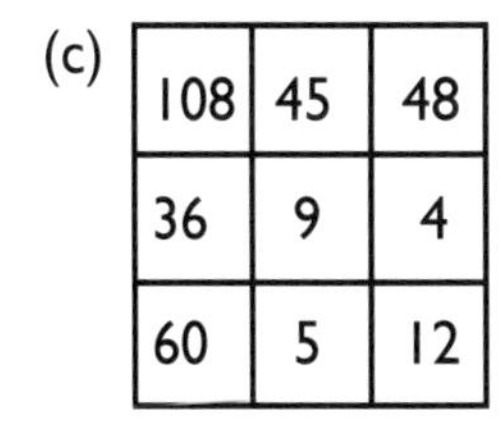

108	45	48
36	9	4
60	5	12

Problem 90

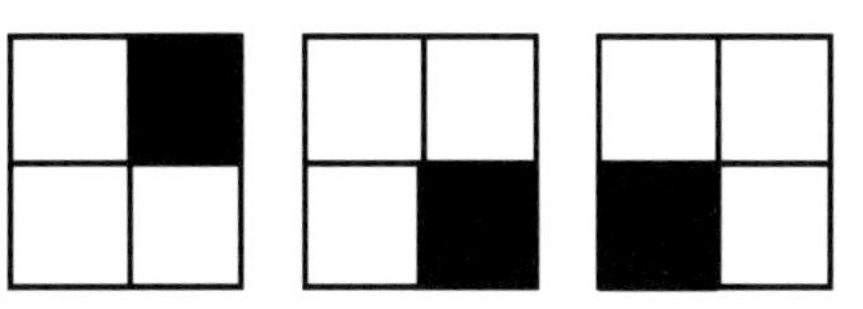

Problem 91

Lluniau	1	2	3	4	5	15	30
Clipiau	1	3	4	5	6	16	31

Bydd angen 16 clip ar gyfer 15 llun a bydd angen 31 clip ar gyfer 30 llun.

Problem 92

Wythnos	Chwain	
1	2	
2	6	(+ 4)
3	14	(+ 8)
4	26	(+ 12)
5	42	(+ 16)
6	62	(+ 20)
7	86	(+ 24)
8	114	(+ 28)
9	146	(+ 32)

Bydd gan y ci 146 chwannen erbyn wythnos naw – DRUAN!! (Y patrwm yw adio lluosrifau 4.)

Problem 93

20, 25 a 30.

(Sicrhewch bod diagramau'r plant yn dilyn y siapau pentagon sydd yn yr enghreifftiau.)

Problem 94

21, 34, 55. Mae pob rhif yn y dilyniant yn gyfanswm o'r ddau rif blaenorol.

Problem 95

Dydd	1	2	3	4	5	6	7	8
Nifer y pryfed	2	5	9	14	20	27	35	44

(+ 3, + 4, + 5, + 6, + 7, + 8, + 9)

Bydd 44 pryfyn ar yr wythfed diwrnod.

Atebion i'r Cardiau Tasg Chwilio am Batrwm

Problem 96

Diwrnod	Milltiroedd
1	5
2	8
3	11
4	14
5	17
6	20
7	23
8	26
9	29
10	32
11	35

Rhedodd Mr Edward 35 milltir ar ddiwrnod 11.

Problem 97

Byddant, ar yr 22ain.

Problem 98

Diwrnod	Orennau
1	1
2	2
3	4
4	8
5	16
6	32
7	64
8	128
9	256
10	512
11	1 024
12	2 048
13	4 096
14	8 192
15	16 384

Bydd Felske yn casglu 512 oren ar y degfed diwrnod. Ar y pymthegfed diwrnod, bydd yn casglu 16 384 oren.

Problem 99

Diwrnod	1	2	3	4	5	6	7	8	9	10	11	12
Nifer y fframiau	3	5	8	12	17	23	30	38	47	57	68	80

Bydd Luc wedi peintio 80 o fframiau ar y 12fed diwrnod.
(+ 2, + 3, + 4, + 5, + 6, + 7, + 8, + 9, + 10, + 11, + 12)

Problem 100

Diwrnod	1	2	3	4	5	6	7	8	9	10	11	12	13
Pellter (km)	80	100	70	90	60	80	50	70	40	60	30	50	20

Teithiodd Keli 20km ar y trydydd diwrnod ar ddeg. (+20, -30, +20, -30, …)

Problem 101

Nifer y ciwbiau mewn rhes	1	2	3	4	5	6	7	8
Nifer wynebau sydd i'w peintio	6	10	14	18	22	26	30	34

Mae nifer yr wynebau sydd i'w peintio yn cynyddu 4 pob tro. Bydd 18 wyneb i'w peintio pan fydd pedwar ciwb mewn rhes a 34 wyneb mewn rhes o wyth ciwb.

Problem 102

Mae hwn yn waith i'r athro neu'r athrawes i'w wirio. Dyma ddau ateb posibl:

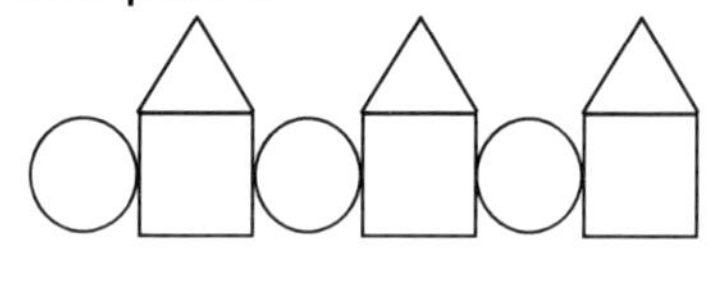

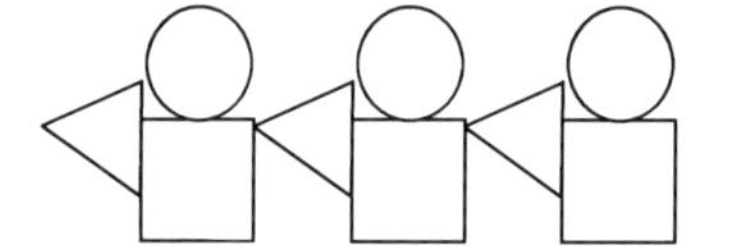